Victor Ducange

Roberto Dillón o el Católico de Irlanda

Traducción y adaptación

de Mariano José de Larra

Barcelona **2024**
Linkgua-ediciones.com

Créditos

Título original: Roberto Dillón.

Traducción de: Mariano José de Larra

e-mail: info@Linkgua-ediciones.com

Diseño de cubierta: Michel Mallard.

ISBN tapa dura: 978-84-9953-712-2.
ISBN rústica: 978-84-9816-356-8.
ISBN ebook: 978-84-9953-444-2.

Sumario

Personajes

Roberto Dillón
Ana Dillón, su mujer
Patricio Dillón, su hijo
Isabel Dillón, su hija
Eduardo, amante de Isabel y amigo de Dillón
Dermod, enemigo de Dillón, hombre falso, vengativo, etc.
Milord Fitz William, diputado de la corona de Irlanda
Jorge, criado antiguo
María, su hija, criada
Mauricio, jardinero de Eduardo, prometido de María
Un Mozo
Un Asesor
Un Ministro
Un Oficial
Un Criado
Jurados, amigos de Dillón, escribanos, alguaciles, guardia, pueblo, etc.

Acto I

Roberto Dillón o El católico de Irlanda

La acción pasa en Dublín, ciudad de Irlanda, a fines del siglo XVI, en el reinado de Isabel de Inglaterra. Los dos actos primeros en la casa de Roberto Dillón, y el tercero en una sala de las casas consistoriales.

El teatro representa el jardín de la casa de Dillón; un parapeto de unos dos pies de altura cierra el fondo; en medio una verja, del otro lado de la cual se ve la muralla, y diversos caminos que suben hasta ésta haciendo varios sesgos. Al horizonte el campo. En el interior del jardín, y a la derecha del actor, se ve la entrada de un vestíbulo que conduce a la casa; a la izquierda, en. frente de éste, un bonito pabellón de jardín, a la sombra de algunos árboles: hay varios bancos colocados a trechos.

Escena I

Jorge, Mauricio

(Al alzarse el telón, Mauricio, con un envoltorio en la punta de un bastón, llega por la muralla y se para delante de la verja.)

Mauricio — (Forcejeando para abrirla.) ¡Oiga! Este pestillo no se levanta: no parece sino que la verja está cerrada. ¡Diantre! ¡Ah! ¡toma! ya sé en qué consiste; es que no está abierta. Llamaré...

(Da golpes.) — ¡Señor Jorge, señor Jorge!

Jorge — (De adentro.) ¡Aquí está, aquí está! (Sale del vestíbulo poniéndose el vestido.) Aguarda un poco, me estoy vistiendo. (Se abotona muy despacio.) ¿Quién diantres llamará ahora? Me parece que el señor Dillón no espera a nadie y... Toma, toma, ¿no es Mauricio?

Mauricio — Sí; soy yo, que estoy aquí.

Jorge ¿Cómo? ¿Eres tú, muchacho?

Mauricio En persona, señor Jorge.

Jorge ¡No es posible!

Mauricio Sí, señor. ¡Abridme, que os traigo buenas nuevas!

Jorge ¿Buenas nuevas? Aguarda, voy por la llave de la verja.

(Entra en la casa y vuelve a salir.)

Mauricio Daos prisa; estoy deseando abrazaros, y en particular a María.

Jorge (Con una gran llave.)
¡Pobre muchacho! Y María, que no le espera...
(Ríe.) ¡Ah, ah, ah, qué contenta se va a poner! ¡Eh, eh, eh!

Mauricio ¡Buenas tardes! Señor Jorge, dejadme que os abrace.

Jorge Ven acá, muchacho, ven acá.

(Se abrazan.)

Mauricio ¡Eh, eh! ¿Y cómo está mi María, vuestra hija, eh, eh, mi novia?

Jorge Como todas las muchachas cuando están esperando con ansia el día de boda.

Mauricio ¿Cómo? ¿Pues qué... tiene calentura, o?..

Jorge ¿Calentura? ¡qué! ¡Está más gorda que una mula, y contenta como unas pascuas! Ríe, canta y charla más que cuatro.

Mauricio ¡Eh, eh! ¡Pobrecilla! Pues a mí... señor Jorge, me sucede todito lo contrario: cuando estoy enamorado, me seco y tengo una cosa... ya se ve... va para tres meses que no he visto a mi María... Cuidado que es una buena temporada para estar uno... ¿eh?

Jorge Ya se ve; pero primero es la obligación. Dejaste a tu futuro suegro para ir a cuidar a un pariente anciano y enfermo; hiciste una buena acción; pero tu ausencia no te ha hecho perder ni un tantico así en el corazón de mi hija: ella sabe que eres un buen muchacho, un excelente jardinero; y sino ahí estaba el señorito Eduardo, tu joven amo, que se hacía lenguas de ti antes de marcharte a Edimburgo: ya sabes que fue a su casa a pedir a su familia su consentimiento para casarse con nuestra señorita. Mira, Mauricio, ten un poco de paciencia, y cuenta conmigo. Tu boda con María se hará al mismo tiempo que la del señor Eduardo con la señorita Isabel.

Mauricio En hora buena: no deseo otra cosa... ¡Qué feliz voy a ser!

Jorge Ahora bien, ¿y esas buenas nuevas que me traes?

Mauricio ¡Toma!
(Tristemente.) Mirad, la primera es que mi tío se ha muerto.

Jorge ¡Ay! ¡Pobre hombre!

Mauricio (Enjugándose las lágrimas.)
¡Ah! ¡Yo lo creo! ¡Pobre hombre! Gracias a Dios, hace tres días que tuvimos la desgracia de perderle.

Jorge ¡Lo que somos!

Mauricio Eso digo yo... ¡Caramba! ya se ve, no podía durar mucho desde que había dado en la flor de tener un ataque de apoplejía todas las semanas.

Jorge ¿Apoplejía?

Mauricio Sí: los médicos dieron en sangrarle tanto para que no se muriese, que no pudo vivir más. Y eso que... es preciso decir una cosa como otra; ellos llevaban ya la cura en muy buen estado, según decían, y era una gran cura aquella. Así es que óigalos usted; ¡ellos mismos lo decían! Sí, señor, que a no haberse muerto mi tío de este ataque, hubiera podido ir tirando algún tiempo más.

Jorge ¡Mira tú que desgracia! Por un poco ya... y joven todavía.

Mauricio ¡Ya se ve! Setenta y siete años no más, que ha sido una compasión: ya os podéis figurar que no habré tardado en dar la vuelta a la ciudad. Como que me esperaba mi jardín y María, y vos mismo... Pero no está ahí lo mejor; hay otra buena nueva que no esperaba yo tan pronto. Llegaba yo por una parte, y estaba llegando el señor Eduardo por otra.

Jorge	¿Qué dices? ¿Ha llegado el señor Eduardo?
Mauricio	¡Toma! Si le he dejado a una legua de aquí. Mauricio, me dijo, vete, y en estando allá avisa mi llegada a la familia del señor Roberto Dillón; diles tantas cosas, y que no tardaré mucho más que tú en estar a los pies de la hermosa Isabel, y que el corazón, y el alma, y... ¡qué sé yo cómo dijo! El alma... pues... en fin, por ese estilo...
Jorge	Sí... ¿Y te estabas sin darme esa buena noticia? ¡Qué alegría para mis amos! ¡Oh! aquí todos queremos a ese señor Eduardo. Vamos, vamos a avisar a todo el mundo. ¡María! ¡María!
María (De adentro.)	¡Voy, allá voy!
Mauricio	(Conmovido.) ¡Eh, eh! Es su voz... ¡Cómo me late el corazón! Señor Jorge, llamadla otra vez.
Jorge	Preciso será llamarla. ¡María! ¡María!
María (Lo mismo.)	Un momento, padre, un momento; me estoy poniendo el vestido de los días de fiesta para bailar esta noche. Ya me estoy acabando de vestir.
Mauricio	¡Eh, eh! decidla que no acabe: me gusta oír su voz.

Escena II

Dichos, María

(María sale muy despacio acabándose de arreglar el vestido.)

María	¿Qué sucede, padre, para tanta prisa? ¿Hay fuego?

Jorge ¡Fuego, eh, fuego! Sí, señora, fuego.

María (Mirando alrededor.)
¿Dónde? Pues...

Mauricio (Escondiéndose detrás de Jorge.)
¡Eh! ¡Qué guapota está!

Jorge (Cogiéndola del brazo.)
Vamos, ¿qué miras? Tonta, ¿qué haces? Mira aquí enfrente de ti, levanta la cabeza... allí...

(La coloca enfrente de Mauricio.)

María (Palmoteando.)
¡Ah, ah, ah! ¿Qué veo?

(Riendo.)

Mauricio ¡Eh, eh! Estás viendo a tu novio, María.

(María suelta una carcajada palmoteando de gozo, y Mauricio llora enternecido.)

María ¡Ah, ah, ah! ¡Qué alegría!

Mauricio ¡Eh, eh! ¡Qué gozo!

Jorge Eso es: llorad y reíd como dos tontos, mientras que yo voy a alborotar a todo el mundo para anunciar la próxima llegada del señorito Eduardo.

María: ¿Llega el señor Eduardo? Corred, padre, corred: mientras que vos los avisáis, yo charlaré aquí con Mauricio.

Jorge: ¡No veo de gozo! Ciertamente parece que la Providencia nos envía a nuestro querido señor Eduardo en una ocasión como esta, en que tanta necesidad tiene toda la familia de consuelos... Hablad, hablad, hijos míos.

(Va a quitar la llave de la verja, y entra en la casa.)

Escena III

Mauricio, María

Mauricio: (Mientras que María acompaña hasta la puerta a su padre.)
(¡Tanta necesidad de consuelos!..) ¡María!

María: ¿Qué?

Mauricio: ¿Qué quiere decir eso de consuelos? ¿Ha sucedido alguna desgracia en casa del señor Dillón?

María: ¡Ah! ¡Pobre Mauricio! Aquí no hemos tenido más que desgracias desde que te fuiste. Yo creo que nos han hecho a todos mal de ojo. Yo he dejado a mi padre marcharse solo, porque quería contártelo todo.

Mauricio: Bien hecho, María: di, ¿y qué ha sucedido?

María: ¡Caramba! ¡Muchas cosas, cosazas! Mira, lo primero y principal, el señor Dillón tiene enemigos en la ciudad.

Mauricio

¡Toma! Eso ya lo sabía yo, y mi amo también. Como el señor Dillón es católico, como dicen, y su familia también, y tienen su creencia y su religión, distinta de las demás gentes del pueblo, que somos protestantes... y como aquí desde esta última persecución no creo que ha quedado más familia principal católica que ésta, creo que por eso la tiene entre ojos el lord diputado.

María

¡El lord diputado! Ya... ¿Y sabes tú lo que dice a eso el señor Dillón? Dice que en lugar de meterse en la conciencia del prójimo, más le valía al diputado, ya que es el primer magistrado, administrar la justicia como la reina manda, igual para todo el mundo, sin distinguir de personas, ni si este piensa así, o del otro modo.

Mauricio

Y que tiene razón.

María

Ya se ve: mira, Mauricio, tú y yo tampoco somos católicos, y con todo y con eso todos los días me acuerdo de mis buenos amos en mis oraciones; y si todos los que los calumnian viesen como yo su bondad y su dulzura, y el cariño que tienen a sus hijos, y luego aquella honradez en todas sus cosas, y aquella caridad con los pobres, yo te aseguro que bien pronto tendrían todos a esta familia por un modelo de virtudes, en lugar de mirarla como un objeto de escándalo, que así dicen por ahí.

Mauricio

Anda, déjalos que digan.

María | Y luego hay más: mis buenos amos tienen otros motivos de disgusto. ¿Ya conoces al señorito Patricio, el hermano de la señorita Isabel?

Mauricio | ¡Toma! El hijo del señor Roberto Dillón.

María | El mismo: muy buen muchacho.

Mauricio | Y que sabe más que un doctor.

María | Yo lo creo, es la esperanza de la familia.

Mauricio | Y bien, ¿qué le ha sucedido?

María | No se sabe nada.

Mauricio | ¡Oiga!

María | Ya te acuerdas de que él era siempre un poco tristón... melancólico... pero eso no valía nada: ¡con todo y eso era tan amable con toda la familia! Pues bien, Mauricio, el señorito Patricio está desconocido.

Mauricio | ¡Bah!

María | Lo que oyes. Desde que ha hecho amistad con un tal Dermod, un amigote del lord diputado, muy mal hombre, estoy segura de ello, porque su misma cara lo dice, es otro enteramente: yo, de buena gana creería que lo ha hechizado, Dios me lo perdone.

Mauricio | ¿Hechizado?

María | ¡Vaya!

Mauricio ¡Bien podía ser! Ya se han visto casos...

María Figúrate tú que no come, ni bebe...

Mauricio ¡Ay! De fijo. ¡Qué flaco debe estar!

María En cuanto amanece sale de casa, y cuando vuelve se encierra. Siempre está triste, con una cara... Da miedo. Ya te puedes figurar cómo estará toda la familia; desconsolada. Darían cuanto poseen por averiguar lo que tiene.

Mauricio ¡Caramba! si estuviera hechizado...

María Yo, mal haya si no creo que son cosas de ese maldito señor Dermod. ¡Picarón! La prueba es que él siempre anda escondiéndose para ver al señorito, temiendo encontrarle con alguno de la familia; ¡¡¡y ¡luego tiene una cara de misterio y de mala intención!!!

(Dermod baja de la montaña, y viendo la verja abierta entra y se adelanta lentamente con cierta zozobra.)

Escena IV

Dichos, Dermod

(María prosigue hablando sin ver a Dermod.)

María Mira, como soy me alegraría de que vieses al tal camandulón, con su mirar torvo, con su boca torcida, que parece que siempre se está riendo, con sus cortesías hasta el suelo, y en fin, con su facha de condenado, y de...

Dermod	(Deteniéndose a algunos pasos de María, y saludando en voz baja y con cierta dulzura afectada.) ¡Buenos días, hija mía!
María (Volviéndose.)	¡Ay!
Dermod	¿Qué es eso, María? ¿Me tenéis miedo? Pues creed que la pureza, de mis designios...
María	¿Miedo? Sí, señor, algo hay de eso.
Mauricio	(Observándole.) María, ¿es éste tu Dermod?
María	Sí; mírale bien.
Mauricio	Le he conocido solo con verle.
Dermod	¿Se puede ver a vuestro señorito?
María	Señor, yo no sé. Si queréis entrar en casa...
Dermod	No, yo... yo... prefiero aguardarle aquí. Tened solamente la bondad de decirle que su amigo Dermod se ha prestado a sus deseos.
María	¡Ah, es el señorito el que os busca! Voy a decirle que estáis aquí.
Mauricio	(Y es verdad que tiene cara de pícaro.)
María	(A Mauricio.) Ven, Mauricio, ven: no quiero que te quedes solo con ese hombre.

Mauricio ¡Caramba! No, no, ¡Dios me libre!

(Coge su envoltorio y su bastón, y se entra con María en la casa.)

Escena V

Dermod

Dermod El joven Dillón me ha enviado a llamar: esto es bueno. ¿Tendrá por fin el valor, o bien la debilidad de ceder a las lágrimas de Hortensia, a los deseos de su familia, que obra sin saberlo por mis mismas sugestiones; y en fin, a mi ascendiente? Sí: ya hace demasiado tiempo que lucha consigo mismo: llegó el momento de sucumbir: no ha sabido sofocar su amor, y su amor triunfará: Dillón renegará de su religión: estoy demasiado interesado en ello para abandonar en estos momentos la victoria. Se lo he prometido al lord diputado, y he presenciado yo mismo su gozo. ¡Qué triunfo para él si pudiese, gracias a mis esfuerzos, atribuirse a los ojos del gobierno y de todo Dublín la separación de la religión católica del hijo de la principal familia de la ciudad, de la única rica que ha podido resistir a las persecuciones! ¡Ah! Este sería un golpe mortal para la familia de Dillón, la venganza más segura y más cruel que puedo tomar de ella. ¡Inflexible anciano! ¡Cuán lejos estás de sospechar que al cumplir con tu obligación, al denunciar ante los síndicos a aquel mercader extranjero que mantenía relaciones con el famoso pirata escocés, al hacerle expulsar ignominiosamente de este pueblo, solo recayó sobre mí el efecto de esta medida; que aquel hombre no era sino mi agente secreto, y que por consiguiente me has cortado la fortuna más rápida! ¡Ah! Tu celo te costará bien caro. No hay enemigo despreciable. Yo te arrebataré a tu mismo hijo, yo consumaré tu desesperación, y iay de ti si llego a encontrar una coyuntura, un pretexto para acusarte! Pero alguien se acerca: iah! es el joven Dillón.

Escena VI

Dermod, Patricio

(Patricio se acerca lentamente con ademán triste y meditabundo.)

Dermod — (Observándole.) ¿Qué significa ese aire taciturno y abatido? ¿Si me habré lisonjeado demasiado pronto? (Alto, cogiendo la mano a Patricio.) iVaya! Querido amigo, aquí estoy ya; me habéis enviado a llamar. ¿Os habéis decidido ya a ceder?... ¿Llegó el caso de dejaros en los brazos de una familia que os ofrece la mujer más amable y más hermosa de?...

Patricio — Dermod, os agradezco el interés que tomáis por mi suerte; pero, ya lo sabéis, la fortuna no es para mí; si alguna vez acaso llego a entrever la menor vislumbre de felicidad, solo se me presenta rodeada de escollos y de precipicios, de obstáculos insuperables. iAh! iQué de esfuerzos he hecho desde los primeros años de mi juventud para lograr algún día esa dicha que no puedo comprar sino a costa del honor! Conmovido al oír las hazañas de nuestros guerreros, la gloria me deslumbró, y senté en mi interior el valor de los héroes. Una preocupación funesta, la diferencia de religión, que nos hace a los católicos de Irlanda viles esclavos de los reformados de Inglaterra, me obstruyó la carrera de las armas. Indignado de tan escandalosa injusticia, volví mis ojos hacia ese arte sublime, tal vez más poderoso que aquéllas, hacia esa elocuencia noble y enérgica que resuena desde el foro en todos los extremos del universo, que truena contra el error que persigue el vicio y que combate la mentira a fuerza de luminosas verdades. La misma preocupación me arrojó con brazo de hierro del santuario de las leyes. Siempre, siempre la misma preocupación viene a cerrarme todas las puertas. Mi corazón se ha exasperado, y he llegado a aborrecer una existencia de que no puedo hacer el uso que me dicta mi albedrío. Los hombres han llegado a serme odiosos, y yo mismo no sé a qué extremo me hubieran podido conducir mi abatimiento y mi desesperación, cuando el amor vino de repente a llenar, mi alma de un fuego nuevo para mí; creí hallarme trasportado a otro universo: Hortensia fue el ídolo de mis pensamientos, el principio de mi vida: ¡ah! conocí, no sin estremecerme, que esta pasión terrible iba en fin a decidir de mi suerte.

Dermod ¡Ah! Y por esta vez no hallasteis oposición; Hortensia os adora.

Patricio Sí: ¡pero también se ha levantado entre nosotros esa barrera fatal! ¡Sé perjuro, me dicen, y serás dichoso! ¡Cómo si pudiese aspirar a la dicha quien no se estima a sí mismo, quien no posee el aprecio de sus semejantes!

Dermod Querido amigo, ¿llamáis perjurio al abrir los ojos a la luz de la verdad, el?...

Patricio ¡Silencio! Dermod, respetemos mutuamente lo que nuestros padres han respetado. Si uno de nosotros gime en el error, solo Dios puede juzgar nuestra causa.

Dermod (Algo cortado.)
¿Con qué objeto, pues, me habéis llamado?

Patricio Ya sabéis que la familia de Hortensia me ha prohibido la entrada en su casa.

Dermod ¿Cómo? Ella os abre los brazos; vos sois el que os negáis...

Patricio Dermod, ¡todavía no desespero! No, el padre de Hortensia no puede desear mi muerte ni la desgracia de su hija: amigo mío, vos, que llevado de la piedad os ofrecéis a servirme de intérprete, en nombre de la amistad entregad sin demora esta carta al padre de mi querida.
(Se la da.) Ahí va mi última esperanza. Si rehúsa mis proposiciones, no hay remedio para vuestro amigo.

Dermod ¿Qué le prometéis para lograr la mano de su hija?

Patricio Prometo, juro respetar la creencia de mi esposa, y respondo de que mis parientes participarán de mis sentimientos para con ella.

Dermod ¿Lo exigís, amigo mío? ¡Ah, cuánto más fácil sería y más seguro!...

Patricio Por Dios, Dermod, dispensadme mi flaqueza.

Dermod (Cederá, cederá; dejemos obrar al amor.)
(Alto.) Voy a ver a Hortensia y a su padre: ¿dónde nos veremos?

Patricio	En este mismo jardín.
Dermod	(Sorprendido.) ¡Aquí!
Patricio	Mi padre espera de un momento a otro a un amigo íntimo de toda la familia. Eduardo acaba de llegar, y yo no puedo separarme de aquí.
Dermod (Se oye ruido.)	Basta: antes de una hora estaré de vuelta. ¿Qué es eso?
Patricio	Es mi familia; retiraos. ¡Ah! Si mi padre llegase a saber mi flaqueza... Adiós, adiós, amigo mío; en vuestras manos encomiendo mi esperanza y mi vida. (Dermod sale por la verja y sube a la muralla.) Evitemos las miradas de mi padre, sobre todo las lágrimas de mi madre. Ocultémosles mis padecimientos. ¡Aquí están!¿Dónde me esconderé? ¡Ah! Entraré en este pabellón... No puedo soportar ya ni su ternura ni su enojo.

(Entra en el pabellón, y Dermod desaparece a lo lejos en el instante mismo en que sale la familia de Dillón de la casa.)

Escena VII

Dillón, Ana, Isabel, Jorge, Mauricio, María

Ana (A su marido.)	Ya lo ves, esposo mío, nuestro hijo huye de nosotros.
Isabel	Pero, madre mía, ¿qué tiene?
Ana	Isabel, tanto tu padre como yo lo ignoramos, absolutamente.

María — ¡Señor Dillón, señor Dillón! Mirad allá abajo el señor Dermod, ¡ese malvado que vuelve loco a nuestro señorito!

Dillón — María, te prohíbo que hables en esos términos de un hombre a quien apenas conocemos, y a quien mi hijo trata como amigo. ¿Por qué has de suponer en él el designio de perturbar la tranquilidad de una familia de que no puede tener queja?

Ana — Verdad es; pero confiesa que esa amistad tan extraña...

Dillón — Me da que pensar, lo confieso: sin embargo, puede ser inocente, y es una injusticia acusar a nadie sin datos... Querida Ana, tratemos de volver a nuestro hijo al seno de unos padres que le adoran por medio de la indulgencia y de la ternura. Pocas reconvenciones sobre todo: es preciso no exasperar un corazón que parece tan próximo a cerrarse a los dulces sentimientos de la naturaleza.

Isabel — No lo creáis, padre mío, nunca ha dejado mi hermano de querernos.

Jorge — Si el amo quisiera hablar a su hijo, yo iría a mandarle...

Dillón — No, Jorge: ¡nada, nada de órdenes! Creería comparecer delante de un juez. Esperemos que él venga a hablar a su padre; la llegada de Eduardo torna la esperanza a mi corazón afligido: la tierna amistad que le une con mi hijo tendrá tal vez más imperio sobre él...

Isabel	Sí, yo os lo aseguro: ya sabéis que Eduardo me da gusto en todo. Pues bien, yo le diré que es preciso que indague la causa de la tristeza de Patricio, y que le restituya a su familia si quiere verme feliz.
Ana (A su esposo.)	¡Isabel! Roberto, no perdamos las esperanzas.
Isabel	Dices bien; recobremos la alegría para recibir a Eduardo.
María	Tiene razón la señorita, todo saldrá bien.
Jorge	¡Ah! En cuanto a eso de recibir al novio de nuestra señorita, creo que tendremos función, algo de baile, y...
Isabel	Sí, madre mía, sí; ¡cuán agradable me sería sorprenderle!
Jorge	Se puede convidar a los amigos de la casa.
Isabel (Cortada.)	Sí, para un baile: digo, si mamá lo permite.
Ana	Disponlo tú, querida Isabel; por hoy te cedo toda mi autoridad.
Isabel	¿De veras? Pues bien, ya veréis el uso que hago de ella. María, Jorge, Mauricio, vamos, pronto, escuchadme todos, voy a daros mis órdenes.
Jorge, María	

y Mauricio — Aquí estamos, señorita, aquí estamos.

(Rodean a Isabel, quien da a cada uno sus instrucciones.)

Ana (A su marido.) — Y tú, ¿no saldrás al encuentro a Eduardo?

Dillón — Ya tengo dadas mis órdenes con esa misma intención. Efectivamente Eduardo no es un extraño para nosotros; ya es uno de nuestros hijos, y voy a buscarle para traerle a tus brazos.

Jorge — Está entendido, señorita; nada se olvidará. En primer lugar, María va a disponer el cuarto del novio. En cuanto a Mauricio, puesto que él dice que le agrada más, no hay más que poner una cama, como de costumbre, en ese pequeño pabellón.

Mauricio — ¡Toma! Es la habitación del jardinero, y puede uno cantar por la madrugada sin miedo de despertar a nadie.

Jorge — En primer lugar, vuelo a convidar a la fiesta a todos los amigos de la casa, sobre todo a los más jóvenes, puesto que se trata de bailar. En cuanto a los preparativos de la función...

Isabel — De todo lo demás yo me encargo con María y Mauricio.

Un Criado — Señor, los caballos están prontos.

Isabel — ¡Hola! Padre mío, ¿vais a buscar a Eduardo?

Dillón — Sí, querida Isabel. ¡Qué! ¡ya estás toda turbada! Vamos, no pierdas tiempo, da tus disposiciones para la función. Hasta después.

Jorge — (A quien María trae su bastón y su sombrero, mientras que un criado trae los suyos a Dillón.) Vamos, vamos, no hay que perder tiempo.

Isabel — ¡Cómo me palpita el corazón!

(Dillón abraza a su hija, saluda a su mujer, y sale con Jorge y el criado. María y Mauricio se llevan a Isabel, que parece estar conmovida; Ana Dillón los deja salir, y vuelve sus miradas hacia el pabellón.)

Escena VIII

Ana, y poco después Patricio

Ana — ¡Preciosa Isabel! Al menos esa es feliz. ¡Ah! Si pudiera decir otro tanto de tu hermano... Está solo en el pabellón. Su padre teme preguntarle; tiene razón, y apruebo su modo de pensar; pero una madre no puede en ningún caso exasperar a un hijo: si yo lo llamase, ahora que todos están lejos...

(Mira si alguien viene. En el ínterin sale Patricio del pabellón, y cruza la escena como para entrarse en la casa.)

Patricio — (Viendo a su madre, y deteniéndose.) ¡Dios mío, mi madre!

Ana (Volviéndose.) — Aquí está.
(Patricio parece titubear, y después hace un movimiento para alejarse.) ¡Hijo mío!

(Se detiene, y parece no atreverse a llegar.) ¿Ya no conoce mi hijo a su madre?

Patricio — ¡Ah, madre mía!
(Cae de rodillas, cubriendo de besos sus manos.) Perdonadme; soy culpable, soy muy culpable: ¡sé cuántas penas os causa mi conducta! No merezco vuestro cariño: soy acreedor al enojo de mi padre: son justas todas vuestras reconvenciones: nunca serán tan grandes como las que me hace mi propio corazón.

Ana — ¡Cruel! Tu padre no está irritado; yo no te dirigiré otras reconvenciones que estas lágrimas que se escapan de mis ojos; pero tú has llenado de amargura el corazón de tus padres: eras su única esperanza, y ya ha desaparecido.

Patricio — ¡Ah! Tampoco yo tengo ya ninguna. Madre mía, Isabel no es culpable, no ha acibarado como yo vuestra felicidad. Apartad de un desgraciado vuestros ojos afligidos, y depositad en mi hermana sola todo el amor que repartís en el día entre los dos.

Ana — ¿Es decir, que no tiene a tus ojos precio alguno el cariño de una madre?

Patricio — ¿No tiene precio? ¡Madre mía! ¿Habéis conocido mi corazón, y podéis acusarle de tan cruel indiferencia? Soy un monstruo, yo que hago correr vuestras lágrimas, y sin embargo daría mi vida por enjugarlas.

Ana — ¿Será cierto, hijo mío?

Patricio — Si mi padre supiera cuánto le respeto, si supiese cuán encima del vulgo de los hombres le elevan a mis ojos su bondad y su virtud... Sin embargo, me cree un hijo desnaturalizado, y este corazón lleno de amor no sabe inspirar más que odio.

Ana — ¡Dios mío, qué idea tan cruel! ¿Nosotros aborrecerte? Mira a tu madre; contempla estas facciones alteradas por el dolor, estos ojos de tres meses a esta parte siempre llenos de lágrimas. Llega tu corazón al seno que te ha criado, y pregúntate a ti mismo si puedo aborrecerte.

Patricio — ¡Cómo! ¿Mi conducta culpable no ha apurado todavía todo vuestro amor?

Ana — Nunca, nunca: el amor de una madre no conoce término. (Patricio se inclina sobre la mano de su madre y la besa con entusiasmo.) Sí, hijo mío, sí; te amamos siempre, te amamos tal vez más, y padecemos como tú con tus penas. Pero, ¡cuánto menos amargas nos parecerían si te determinases a descubrirnos la causa de ellas! Óyeme: ahora estamos solos, nadie puede oírnos; yo guardaré tu secreto, si quieres ocultárselo a tu padre.

Patricio — ¡Santo cielo! ¿Qué exigís de mí?

Ana — ¿Tienes de nosotros alguna queja?

Patricio — ¡Dios mío, tanta bondad me abruma!

Ana — ¿Estás descontento con tu estado presente?

Patricio ¡Mi estado! ¡Os suplico que no tratéis de penetrar en mi corazón! Yo os prometo que dentro de poco el triste espectáculo de mi dolor dejará de apesadumbraros; sí, mi suerte se va a cambiar, y hoy mismo.

Ana ¿Qué quieres decir? Hoy mismo, ¿qué?...

Patricio Hoy se acabarán mis penas.

(Ana le mira con inquietud. Patricio oculta el rostro volviéndose.)

Ana ¡Se acabarán tus penas, hijo mío!

(Se arroja en sus brazos, y le estrecha contra su pecho. Sale Isabel.)

Escena IX
Ana, Patricio, Isabel

Isabel (Alegremente.)
¡Mamá, mamá! Venid a ver... (Repara en su hermano y se detiene.) ¡Ah! Estáis con mi hermano. (Poniéndose entre los dos.) Parece que estáis conmovida, ¡y él también! ¿Os ha confesado la causa de su tristeza?

Ana No, hija mía, o se cree tu hermano demasiado culpable, o no conoce el corazón de sus padres.

Isabel ¿Qué decís? Esas reconvenciones van a aumentar su aflicción.
(A su hermano.) ¿Sabes que ha llegado Eduardo?

Patricio Sí, Isabel, y participo en esta ocasión de tu alegría.

Isabel | Estamos disponiendo una función: espero que nó nos dejarás hoy... ¡Oh! Yo te lo suplico por Eduardo y por mí.

Patricio | ¡Por ti! Sí, Isabel, me quedaré: seré testigo de tu felicidad y de la de mi tierna madre.

Isabel | (A su madre.)
¿Lo veis? Cede a una sola palabra que le he dicho. Pero venid, venid, porque, aunque me habéis cedido hoy toda vuestra autoridad, aun hacéis falta para disponer una porción de cosas.

Ana (A Patricio.) | Hijo mío, nada exijo de ti: pero ten compasión de tu padre; ocúltale tu pena, o descúbrele la causa francamente.

(Se entra con Isabel en la casa. Se ve a Dermod venir hacia el jardín.)

Escena X
Patricio, Dermod

Patricio | Mi madre tiene razón, ya es tiempo de poner término a mis pesares; pero, ¿cómo revelar la causa? ¡Oh, si el padre de Hortensia consintiese! Entonces se lo confesaría todo a mi padre. Pero si es preciso renegar...
(Dermod entra.) | ¡Cielos! Entonces ya está decidida mi suerte.

Dermod | (Lentamente.)
¡Solo está! Vamos, es preciso triunfar.

Patricio | No me atrevo a preguntarle...

Dermod — Amigo mío, os traigo temblando la respuesta que yo temía.

Patricio — ¿Rehúsan mis ofertas?

Dermod — En cuanto llegué, toda la familia se reunió, y el temor y la impaciencia estaban pintados en las miradas que todos me dirigían. Saqué la carta fatal, y, faltándome el ánimo para hablar, la entregué silenciosamente a su padre. Disculpadme si no entro en los pormenores de una escena harto dolorosa; la conmoción que siento todavía os dice lo bastante.

Patricio — ¿Conque ya no hay esperanzas?

Dermod — ¡Ninguna! Hortensia, abandonada al sentimiento, se ha decidido a ocultarse en un retiro; allí perecerán sin duda, víctimas del dolor, su juventud y su hermosura, y desaparecerán para siempre a los ojos de los hombres.

Patricio — (En la mayor desesperación.)
¡Hortensia, Hortensia!

Dermod — (Con energía.)
¡Desdichado! ¿Y habéis de ser vos mismo su verdugo? En la flor de su juventud, adornada de todas las gracias, ardiendo por vos en el más fino amor, ¡la llevaréis a la tumba vos mismo con vuestras propias manos! No, nunca ha podido ella creerlo, ¡su corazón, su mismo amor la impiden acusaros de tanta crueldad! sus miradas me lo decían al separarme de ella, y en fin, ¡yo mismo quiero ver cómo os atreveréis a llevar a cabo tan horrendo crimen! Dejemos a

otros corazones más insensibles enredarse en vanas discusiones; yo apelo de vos mismo, a vuestra propia conciencia, a la voz de la naturaleza, que resuena ya en vuestra alma. ¿Os manda Dios que inmoléis sin piedad a la criatura más perfecta? ¿Manda que bajéis los dos al sepulcro en lo mejor de vuestra vida? ¿Y cuándo? ¡Ah! amigo mío, ¿no conocéis que ese sentimiento que llena vuestra alma si no os decidís amargará vuestra existencia? Triunfad de vuestro terror, ceded a su imperio. Venid, venid a restituir la felicidad a una familia desesperada, venid a contemplar vos mismo aquella víctima sensible que muere si la abandonáis, y a quien una sola palabra vuestra puede salvar todavía de la tumba que la espera, y muy en breve... Venid.

(Procura arrastrarle.)

Patricio ¡Ah! ¿Qué es lo que me mandáis?

Dermod Que sigáis los impulsos de vuestro corazón.

Patricio ¡Mi corazón! Si me atreviese a seguirlos, ya estaría a los pies de Hortensia; pero ¡abjurar! Dios mío, ¿con qué cara se lo confesaré a mi padre? ¿Cómo arrostrar sus miradas, su indignación tal vez? Amigo mío, nunca, nunca me atreveré.

Dermod ¿Nunca os atreveréis? Basta, ya he leído en vuestro corazón... Acabáis de dar vos mismo vuestro consentimiento a la amistad toca ahora concluir lo que empezó el amor.

Patricio ¿Qué decís?

Dermod — Sí, ya os comprendo, teméis el escándalo, no queréis afligir a vuestro padre, vaciláis entre el amor y la naturaleza; en hora buena, el cielo me inspira un medio para conciliar todos vuestros deberes. Esta noche, con el mayor silencio, con el más profundo secreto, sin pompa, sin testigos, nos reuniremos en el templo inmediato...

Patricio — ¡Ah!

Dermod — Nadie lo sabrá. Vuestra misma esposa, satisfecha y tranquila, favorecerá nuestro misterio. Ya dichoso, cesaréis de afligir a vuestra familia, y renacerá para todos la felicidad. ¿Cómo? ¿Aun vaciláis? ¿Tembláis?

Patricio — ¡Cruel!

Dermod — Acordaos del dolor de Hortensia, de su amor... Reflexionad que tal vez expirante...

Patricio — Basta, basta, Dermod; Hortensia triunfó: corred: volad, no me deis tiempo para avergonzarme de mí mismo.

(Cae abrumado sobre un banco del jardín a la izquierda.)

Dermod — (¡Triunfé!)
(Alto.) — Vuelo a llevar a vuestra querida la prenda de su felicidad. (¡Vamos a disponerlo todo para la ceremonia! ¡Mañana todo Dublín sabrá mi victoria!)

(Sale precipitadamente.)

Escena XI
Patricio

Patricio — ¡Santo Dios! ¿Qué es lo que he hecho? ¿Al fin he consentido? No, no; ¡no abuséis de mi enajenamiento, Dermod!
(Se levanta y le busca.) ¡Dermod! ¡Cielos, marchó ya! Corramos... ¿Qué he de decirle? ¿Yo, yo he prometido ser apóstata? ¡Jamás! Padre mío, vos me perdonaríais, lo sé, pero vuestro corazón quedaría despedazado. ¡Ah! ¿Y quiero menos a Hortensia? ¿He de sacrificarla? ¡Mi desgracia ha llegado ya al colmo! De cualquier manera he de ser un bárbaro... ¿Yo perjuro? tal vez está ya Dermod en el templo, y mañana... ¡Qué escándalo! ¿Dónde huiré? ¿Dónde me esconderé? La muerte, solo la muerte,

(Reflexionando) — sí, la muerte; ya hace tiempo que me reclama como su víctima; ¡debo morir!
(Ruido fuera y en la casa.) ¿Dónde estoy? ¿Qué ruido es éste? ¡A mí, a mí me buscan sin duda para abrumarme con sus reconvenciones, para llamarme perjuro! (Llega hacia la verja para salir.) ¡Huyamos! ¡Dios mío, mi padre!

(Retrocede hacia la Escena, y se detiene espantado; Dillón, Eduardo y algunos criados entran por la verja; Ana, Isabel, María y Mauricio vienen de la casa.)

Escena XII
Dillón, Ana, Eduardo, Patricio, Isabel, María, Mauricio, algunos criados, y después Jorge. (María y Mauricio vienen, llegan los primeros y miran por la verja.)

Jorge — Ahí está, señora, ahí está; él es.

Eduardo — (Corriendo a Ana, y besándole la mano.)
Señora, permitidme que os dé el dulce nombre de madre.

Ana — (Cogiendo la mano de Isabel y presentándola a Eduardo.)
Sí, querido Eduardo; Isabel y sus padres os dan ese derecho.

Eduardo — ¡Adorada Isabel! ¿Conque es cierto?...

Isabel — Eduardo, yo siempre he creído todo lo que dice mi madre.

(Patricio está sumergido en su dolor; Ana lo observa.)

Mauricio (A María.) — ¡Qué bien mandada es!

María — ¡Toma! Todas las chicas lo son cuando se trata de eso.

Dillón — (Cogiendo la mano de su hijo.)
Hijo mío... (Patricio se estremece y trata de serenarse.) ¿No abrazas a Eduardo, tu amigo, tu hermano dentro de poco?

Patricio — Sí, padre mío.
(Alzando la voz.) ¡Querido Eduardo!

Eduardo — ¡Caro amigo!

(Se abrazan.)

Ana (A su marido.) Su corazón es el mismo.

Patricio (Con tristeza.)
Vas a enlazarte con mi hermana... Mis padres te quieren... Eduardo, ¡sé para ellos un verdadero hijo! La felicidad de Isabel y de toda mi familia es mi primer deseo.

(Entra Jorge sofocado y sudando.)

María Ya está aquí mi padre.

(Coge su sombrero y su bastón.)

Jorge Todas las personas que la señorita me ha enviado a convidar van a ir llegando casi detrás de mí para dar la enhorabuena a la novia: ¿dónde se las recibirá?

Isabel Aquí mismo; todo lo tengo dispuesto ya para la función.

(Patricio se ha alejado a la llegada de Jorge; su misma agitación le hace vacilar, y se apoya contra un árbol.)

Ana (Que le observa.)
¡Santo Dios!
(Corre hacia él.) Hijo mío, ¿qué tienes?

(Todos se acercan y le miran inquietos.)

Patricio Madre mía, no os asustéis... No puedo negarlo; padezco demasiado; un fuego extraño me devora y me consume... Permitidme que me aleje... Yo perturbaría la función de mi hermana.

Ana ¿Función? ¿Puede haberla para tu madre?

Patricio ¡Adiós, padre mío! ¡Permitidme que bese vuestras plantas antes de dejaros!

(Se arroja a sus pies.)

Dillón (Levantándole.)
¿Qué haces? Nunca tus padres te han cerrado su corazón.

Patricio ¿Me perdonáis?

Dillón Patricio, aquí todos te queremos: tú solo eres el que...

(Ana le hace señal para que no le diga ninguna palabra demasiado áspera.)

Isabel (A Jorge.) Ya me pesa haber pensado en esta diversión.

Jorge Pues ya está aquí la gente.

Patricio ¡Adiós, Isabel! Eduardo, ¡consuela a mis padres!

(Se aleja rápidamente.)

Ana Jorge, sigue a mi hijo, observa todas sus acciones, y no te apartes de él.

Jorge No tengáis cuidado, señora; os avisaré si sucediese cualquier cosa.

(Se ve ir llegando la gente para el baile por diversas partes.)

Escena XIII

Ana, Isabel, Dillón, Eduardo, María, Mauricio, criados, toda la sociedad, y después Jorge

(Los criados traen sillas, que colocan a los dos lados, mientras que la gente va entrando y saluda a la familia de Dillón y a Eduardo. Todo el mundo se coloca. Baile, etc. En el último término, en el momento en que concluye, se ve a Jorge que vuelve de fuera, y Ana sale a su encuentro.)

Ana — Y bien, Jorge, ¿qué hace mi hijo?

Jorge — Tranquilizaos, señora; está mucho mejor, y al parecer más sereno: ha escrito, con bastante agitación, una carta que debe ser muy corta, según lo poco que ha tardado en escribirla.

Ana — ¿Una carta? ¿A quién?

Jorge — Lo ignoro, porque se ha empeñado en salir él mismo para entregarla a un mozo. Enseguida se ha entrado en su cuarto, como de costumbre, y me ha suplicado que le dejase solo, porque tenía gana de descansar.

Dillón — ¡Extraña conducta! Esa carta debe encerrar algún arcano.

Eduardo — Espero que consigamos aclarar ese misterio.

(Durante este tiempo la sociedad se dispone para retirarse.)

Dillón — Jorge, saca luces.

(Se quitan los asientos; varios criados sacan hachones de viento; la sociedad se retira después de los cumplimientos de costumbre, y un lacayo alumbra cada grupo con un hachón; toda la familia de Dillón acompaña hasta fuera de la verja a los concurrentes más íntimos, que salen los últimos, hasta perderse de vista por entre los árboles: Jorge, Mauricio y María salen también y hasta la verja, desde donde ven pasar los diversos grupos. Mientras que todos están a esta distancia sale Patricio furtivamente de la casa en un desorden moral extraordinario.)

Escena XIV

Patricio, solo en el jardín, las demás personas fuera de la verja.

Patricio — Cesó el ruido del baile: todo el mundo se ha marchado; la oscuridad es profunda; vamos, prevengamos la deshonra. Todo lo he previsto; allí... (Señalando al pabellón.) Sí, allí será... No tendré testigos... No perturbaré el descanso de mi padre... Mañana... Es preciso... Vamos... Que no me encuentre ya Dermod a su regreso... Gente viene: ¡mi familia! (Subiendo al pabellón.) ¡Padre mío! ¡Querida madre! Adiós... Para siempre... ¡Adiós!

(Entra en el pabellón.)

Escena XV

Dillón, Ana Isabel, Eduardo, Jorge, María, Mauricio

Jorge — ¡Eh! ya se marchó todo el mundo; ¡se va haciendo tarde!

María — (Saliendo del vestíbulo.)
Todo está corriente en el cuarto del señor Eduardo.

Dillón — Vamos, hijos míos; entremos en casa; mañana la aurora alumbrará vuestros desposorios, y los vuestros también, amigos míos; y ese día será completamente feliz, tanto para vosotros como para vuestras familias. Jorge, cierra todas las puertas.

Jorge — (Con importancia.)
Es mi costumbre, señor Dillón; nunca me acuesto sin hacer antes mi visita general de todas las dependencias de la casa.

(Dillón aprieta amistosamente la mano de Eduardo, mientras que su mujer abraza a Isabel; Eduardo da la mano a Ana; a Isabel la acompaña su padre y van entrando en la casa.)

Escena XVI

Jorge, María, Mauricio

Jorge — Ahora bien, es preciso tratar de dar cama a este muchacho.

Mauricio — ¡Oh! Por eso no os apuréis, porque yo, si queréis, no me acostaré.

María — ¡Pues!

Mauricio — Como soy, María; estoy tan contento y tan satisfecho... que estoy seguro de que no voy a dormir: conque así...

María — Cabalito; ¡para que amanezcas mañana con la cara tan larga, y con tantas ojeras!... Pues yo quiero que duermas.

Jorge ¡Pardiez! Eso pronto está compuesto; no hay sino poner una cama.

María Vos, padre, podéis ir cerrando las puertas, y entretanto yo haré lugar para ponerla en ese pabellón.

Mauricio Y yo voy contigo.

María No es necesario.

Jorge Vamos, despáchate...
(Mauricio quiere seguirla; se establece entre los dos una pequeña lucha para impedírselo), mientras que yo voy a buscar la llave grande para cerrar la verja.

(Entra en el vestíbulo de la casa, y María en el pabellón; Dermod baja de la muralla y se dirige hacia la verja.)

Mauricio (Solo.) ¡Hola! ¿Quién pasa por allí? ¿No es un hombre? (Se oyen gritos y ruido en el pabellón.) ¿Qué voces son estas? ¡San Jorge! ¿Qué será?

María (Sale del pabellón.)
¡Ay, padre mío, padre mío!

Jorge y Mauricio ¿Qué es eso, qué es eso?

María ¡Un hombre!... ¡Un hombre asesinado!

Jorge ¡Un hombre asesinado!

Mauricio ¡Dios mío!

María (Señalando con espanto.)

Allí... allí...
(Corre hacia la casa.) Señor Dillón, socorro, socorro.

(Dermod se apresura a bajar hacia la verja. Jorge y Mauricio entran en el pabellón.)

Escena XVII
Dermod
(Abre de repente la verja, pero no da un solo paso.)

Dermod — Un hombre asesinado en la casa de mi enemigo! Observemos.

(Se queda junto a la verja. Jorge y Mauricio salen del pabellón. Casi al mismo tiempo acude corriendo toda la familia, Dillón detrás de María.)

Escena XVIII
Dillón, Ana, Eduardo, Isabel, Jorge, Mauricio, María, Dermod

Jorge y Mauricio — (Salen dando un grito de espanto.)
¡Ah!

Jorge — ¡Es el señorito!

Dillón — (Precipitándose en el pabellón.)
¡Un asesinato! ¡En mi casa!

Jorge — (Oponiéndose al paso de Ana, que acude con Eduardo.)
¡Ah, señora, no os acerquéis, yo os lo suplico!... ¡Retiraos!

Ana — ¿Yo no? ¿Por qué?

Isabel (Llegando la última.)
Madre mía, madre mía, mi hermano no está en su cuarto.

Ana (A quien todos tratan de contener.)
¡Mi hijo! ¡Ah! ¡Dejadme, dejadme! (Corre hacia el pabellón; pero al llegar sale Dillón en un desorden espantoso. Al verle se detiene, y da un grito de horror adivinando su desgracia en los ojos de su esposo.) ¡Ah! ¡Mi hijo ya no existe!

(Cae desmayada en los brazos de Jorge: Eduardo la sostiene.)

Isabel (Queriendo entrar.)
¡Hermano mío!

(Corre hacia el pabellón, Dillón la contiene cogiéndola un brazo. Consternación general. Dermod da algunos pasos, lo observa todo, y cae el telón al completarse este cuadro final.)

Acto II

El teatro representa un vestíbulo que da sobre un jardín, en el cual se ve el pabellón donde ha perecido el joven Dillón. Se conoce que esta decoración es correlativa a la primera, y que la puerta del fondo del vestíbulo es la misma cuya fachada exterior se ha visto en el primer acto. A derecha e izquierda, en los segundos y terceros bastidores, puertas de distintas habitaciones. Una lámpara de varios mecheros, colgada de la bóveda, alumbra todo el interior del vestíbulo; el exterior está sumergido en la oscuridad, o solo iluminado por una luz azulada, efecto de la Luna. Un sillón, un velador y una mesa.

Escena I

Dillón, su mujer, Isabel, María

(Al levantarse el telón ya están todos en escena. Dillón, en pie delante de una de las puertas laterales y mirando con inquietud hacia el fondo, parece estar allí para impedir que entre nadie en el gabinete. Al otro lado Ana está tendida sobre un sillón, Isabel a sus pies, y María le da a oler varios espíritus que hay sobre el velador inmediato.)

Dillón — Me estremece el más leve ruido que interrumpe el silencio aumentando el horror de esta funesta noche. Si alguien desde la muralla o desde las casas vecinas nos hubiese visto trasportar aquí el cuerpo de nuestro desgraciado hijo, ¡ah! ¡éramos perdidos! (Ana hace un movimiento de espanto.) ¡Silencio!

(Llegándose a ella.) Querida esposa, y tú, hija mía, en nombre del cielo sofocad vuestros sollozos, ahogad los gritos de vuestro dolor; temblemos si inspiramos la menor sospecha. ¡Ah! ¿Ignoráis que una ley severa condena a ser expuesto en un cadalso el cuerpo del infeliz que se ha suicidado?

Ana — (Levantándose.)

¿Es posible?

Isabel — ¡Padre mío!

Dillón — Su cadáver sangriento es entregado al verdugo, ultrajado por un populacho bárbaro y furioso, arrastrado ignominiosamente, y arrojado lejos de la ciudad, privado además de la sepultura.

Ana — ¡Hijo mío!

Dillón — Salvemos a lo menos, salvemos de esos horrores los restos de nuestro hijo; ocultemos su muerte, y esforcémonos, por un exceso de amor, a triunfar de la naturaleza.

Ana — Sí, sí, esposo mío: ¡silencio! No lloremos más.

(Procura contener las lágrimas.)

María — ¡Pobre madre! ¡Qué desgraciada, Dios mío, qué desgraciada!

(Jorge entra por el fondo con una linterna en la mano, da algunos pasos, se detiene, escucha, parece lleno de temor.)

Isabel — Aquí está Jorge.

Escena II
Dichos, Jorge

Dillón — ¿Y bien, Jorge?

Jorge	Ya son las dos; no metáis ruido; en medio del silencio de la noche, el menor movimiento podría despertar a los vecinos.

(Deja su linterna en el suelo.)

Dillón	¿Pudo salir Eduardo sin ser visto?
Jorge	Sí, señor. Lo primero que hice fue entreabrir con mucho tiento la puerta de la calle, y, tapando mi linterna, asegurarme de que no pasaba un alma al mismo tiempo. Entonces el señor Eduardo y Mauricio se fueron escurriendo a lo largo de la tapia; nadie puede haberlos visto.

(Ana e Isabel le miran con asombro.)

María	(A su padre.) ¿A qué ha salido Mauricio?
Jorge	(Enfadado.) ¿A qué? A acompañar a su amo... ¡de noche!
Isabel	¡Eduardo nos ha dejado, padre mío!
Ana	¡Y en unos momentos tan terribles!
Dillón	¡Ah! No le culpéis; es un modelo de amistad: le he suplicado que fuese a verse con algún sacerdote de nuestro culto, y que acordase con él sigilosamente los medios de poder dar sepultura en secreto a nuestro hijo.

Jorge — Y para que el señor Eduardo y Mauricio puedan entrar sin tener que llamar, lo cual sería peligroso, he dado a cada uno una llave, y al volverme he apagado las luces y cerrado las ventanas de todas las piezas que dan a la calle; hasta ahora todo está tranquilo en el barrio.

(Aparte a Dillón.) — Querido amo, mientras que vuelve el señor Eduardo, os suplico que os alejéis de este sitio; la vista de ese gabinete es demasiado penosa para vos y para la señora.

Dillón — Para ella, sí, Jorge; pero en cuanto a mí, yo debo...

Jorge — Nosotros nos quedaremos aquí: ¡María y yo cumpliremos con tan triste deber! ¡Obligad a las señoras a que hagan por descansar!

Dillón (A su mujer.) — Ana, Jorge me dice que sería más prudente retirarnos a nuestra habitación.

Ana — ¡Por Dios! Yo te lo suplico... ¡déjame al lado de mi hijo!

(Se dirige hacia el gabinete.)

Dillón — (Deteniéndola.)
No, querida esposa; ¡ese espectáculo es demasiado doloroso! (Hace señas a los demás para que le ayuden.) Isabel...

Isabel — (Cogiendo la mano de su madre.)
Os lo suplicamos, madre mía; venid, venid a vuestro aposento.

(Dillón e Isabel se llevan, no sin trabajo, a Ana; Jorge se une a ellos para obligarla a retirarse.)

Escena III

Jorge, María; y poco después Mauricio

(Luego que Ana, su marido y su hija se han entrado, Jorge corre hacia el jardín, como si se le hubiera olvidado alguna cosa.)

María — (Corriendo detrás de él.)
¡Padre, padre! ¡Ah! No, no os vais a estas horas; no me dejéis sola.

Jorge — ¿Y por qué no? es preciso ir a observar lo que pasa por fuera.

María — ¡Ay! no, no, padre mío, quedaos aquí, o me voy yo con vos; ¡tengo tanto miedo!...

Jorge — Vamos, niña, es caso de que...
(Alto.) ¡Chito!

(Mauricio aparece en el fondo.)

María — ¡Dios mío! ¿Qué es aquello?

Mauricio — (En el fondo.)
¡Chis!

Jorge — ¿Eh?

María — ¡Llaman!

Mauricio — (A media voz.)
Señor Jorge, ¿estáis por ahí?

María ¡Ah! ¡Es Mauricio!

Jorge ¡Mauricio!

María Ven, ven... Aquí estamos,

Jorge Y bien, Mauricio, ¿qué hace tu amo? ¿Qué noticias nos traes?

Mauricio Nada bueno, señor Jorge. ¡Si supierais!

Los dos ¿Qué?

Mauricio ¡Pobre señor Dillón! ¡Solo un milagro de la Providencia le puede salvar!

María ¿Qué dices?

Jorge ¿Qué? ¿Se sabe ya por la ciudad?...

Mauricio ¿Si se sabe, eh? ¡Canario! Todito... ¿Qué digo? ¡De otra cosa se trata, pardiez!

Los dos ¿De qué?

Mauricio ¡No corre más que una voz por todo Dublín! ¡Dicen que el muchacho ha sido asesinado!

Los dos ¿De qué?

Mauricio Asesinado...

Jorge ¿Pues qué, no hay más que?... ¿Y por quién?

María — Sí, ¿por quién?

Mauricio — ¿Por quién, eh? Mientras tanto, ya conocéis que un asesinato cometido en una casa, cerrada, de noche... Señor Jorge, ¡somos perdidos, somos perdidos!

(Se oye un rumor confuso y lejano.)

Mauricio — ¡Ay, Dios mío!

Jorge — Parece que se oyen voces alrededor de casa.

(María corre a escuchar al fondo.)

Mauricio — ¡Llamemos al señor Dillón!

Jorge — Aguarda... ¿A qué alarmar todavía a todo el mundo?

María — (Desde el fondo.)
Oigo gente correr por la calle. ¡Ah! ¡Alguien entra!

Jorge y Mauricio — ¡Entran!

María — Tranquilizaos... ¡Es el señor Eduardo!

Jorge — Ahora sabremos...

(Eduardo entra precipitadamente.)

Escena IV
Dichos, Eduardo

Eduardo — (Con la mayor turbación.)

¡Jorge! ¡María! ¿Dónde está el señor Dillón?

María — Señor Eduardo, ¡qué cara tan asustada traéis!

Eduardo — Os pregunto dónde está vuestro amo.

María — En el cuarto de la señora con la señorita.

Eduardo — ¿No sabe todavía?... No, ya lo veo. ¡Santo Dios! ¿Cómo le diré?...

Jorge — ¿Cómo, señor Eduardo, será cierto lo que acaba de decirnos Mauricio? ¿Se cree que el señorito ha sido muerto violentamente?

Eduardo — Sí, amigos. ¡Dichosos nosotros si no pasan las conjeturas que se forman de tan horrible suposición! Pero acusar...

Todos — ¿A quién?

Eduardo — Amigos míos, vosotros tenéis cariño a vuestro amo; si se viese en peligro de perder la vida ¿haríais todo lo posible por salvarle?

María — Sí, señor, sí; todo lo arrostraríamos.

Jorge — ¡Mi amo en peligro!

Eduardo — Pues bien; Jorge, María, es preciso ayudarme por todos los medios posibles.

Jorge — Pero, ¿a qué?

Eduardo — ¡No hay que perder tiempo! Tú, María, entra y procura con cautela sacar aquí a Isabel; es necesario que yo la hable.

María — Sí, señor.

Eduardo — Vos, Jorge, colocaos en la puerta de la calle: mucho me temo que haya un motín. Si el tropel se aumentase avisadme.

Jorge — Entiendo.

Eduardo — Tú, Mauricio, sal de casa, corre a las casas consistoriales, observa cuanto suceda, y vuelve a avisarme.

Mauricio — Allá voy.

Eduardo — Andad, amigos, andad; ¡quiera el cielo proteger mis designios!

(Los tres salen. Jorge y Mauricio por el fondo, y María por un lado.)

Escena V
Eduardo

Eduardo — ¡Acusar a un padre de la muerte de su hijo! ¡Cruel prevención!... funesta y bárbara ignorancia, ¡estos son tus efectos! ¡Por ti los hombres, los hermanos, los hijos de un mismo Dios arden en el deseo de derramar su sangre! ¡Y hombres perversos, monstruos execrables, provocan estos odios insensatos! ¡Y combatiendo con estas armas sacrílegas, encuentran cómplices que ensalcen sus delitos! ¡Desgraciado Dillón! Sesenta años de virtudes y una vida entera irreprensible no bastan a salvarte... Eres católico, ¡y una sola palabra te ha proscrito!

(María trae consigo a Isabel.)

Escena VI

Eduardo, María, Isabel

María — Sí, señora, el señor Eduardo es quien quiere hablaros.

Isabel — ¡Eduardo!

Eduardo — ¡Ah, querida Isabel!

Isabel — Amigo mío, ¿por qué no entráis a ver a mi madre?, ¡os aguarda con tanta impaciencia! ¡Ah! Venid... vos sois el único que podéis reanimar a mis padres, e inspirarles algún valor.

Eduardo — ¡Algún valor! ¡Ah, Isabel, cuánto necesitan! Estáis muy lejos de figuraros la enormidad del peligro que amenaza a vuestro padre.

Isabel — ¿A mi padre?

Eduardo — Si los gritos de un populacho furioso no fuesen a instruiros dentro de poco de tan horrible verdad, os sería imposible creerme: yo mismo dudo aún si mis sentidos me han engañado. ¡Ah, Isabel, el odio es, el rencor sin duda quien busca, quien reclama una víctima, porque no está en la naturaleza el acusar a un padre del asesinato de su hijo!

Isabel — ¡Cielos! ¿Qué decís?

María ¿El señor Dillón?...

Eduardo ¡Isabel, la ternura de vuestra alma, la inocencia de vuestro corazón, vuestra juventud, y sobre todo la prudencia de vuestros padres, ha corrido hasta este día un velo entre vos y las preocupaciones crueles de los hombres! ¿Nunca habéis sabido hasta qué extremo puede llevar la prevención y la injusticia una imaginación extraviada y privada de la luz de la verdadera religión? ¿Nunca os habéis figurado siquiera a qué injusticias puede arrastrar el error? ¡Os estremecéis! Sí, Isabel; se dice que vuestro hermano iba a mudar de religión, y acusan a vuestro padre de haberle inmolado.

Isabel ¡Santo Dios!

Eduardo Sí, Dios... solo a Dios se puede invocar contra tan horrible suposición.

Isabel ¡Un padre inmolar a su hijo! Eduardo, ¿es posible semejante crimen?

Eduardo No, Isabel.

Isabel Pues bien, mi padre se justificará.

Eduardo Es perdido si no conseguimos librarle de sus acusadores, de sus jueces, del populacho de esta ciudad. Yo he contado con vuestro cariño, con vuestro valor, con el imperio que os da el amor de vuestros padres, para salvarlos de la última desdicha.

Isabel — Sí, Eduardo; hablad: ¿qué hay que hacer?

Eduardo — Es preciso convencer a vuestro padre para que abandone su casa, que huya, que salga de Dublín.

Isabel — ¿Durante la noche?

Eduardo — Al momento; pero al mismo tiempo que unamos nuestros esfuerzos para llevarle lejos de aquí, respetemos el corazón de un padre; que no sepa nunca que se le acusa de un parricidio; no tendría valor para resistir a tan horrible acusación.

Isabel — ¡Oh! No, no, que lo ignore... ¡mi madre sobre todo! Eduardo, ¡cuánto me conmueve vuestro amor a mi familia!

Eduardo — Vamos, Isabel, no perdamos un instante.

Isabel — Venid.

(Van a entrarse en las habitaciones, pero de repente se oye una confusa vocería, y se detienen espantados.)

Eduardo e Isabel — ¡Santo cielo!

(Jorge llega corriendo con el mayor espanto.)

Escena VII

Dichos, Jorge

Jorge — ¡Ah! Señor Eduardo, somos perdidos.

Eduardo	¿Qué hay?
Jorge	La calle se llena de gente que se agolpa a nuestra puerta; todos hablan y se agitan. «Allí es... sí, señor... en casa del señor Dillón...» repiten mil voces confusas. En fin; todo anuncia una catástrofe, y no extrañaré que dentro de poco nos obliguen a abrir las puertas.
Isabel	¿Qué sería entonces de nosotros?
Eduardo	No, no se atreverán antes de la venida de los magistrados; podemos aprovecharnos de ese mismo desorden; pero es preciso darnos prisa.

(Se oyen de repente grandes voces, y el ruido de varios vidrios rotos como a pedradas. Todos dan un grito de espanto.)

Eduardo	Isabel, por Dios, conservad vuestro valor. Yo corro a...

(Se oye ruido también en las habitaciones.)

Isabel	(Deteniendo a Eduardo.) Deteneos.

(Dillón y su mujer entran precipitadamente.)

Escena VIII
Dichos, Dillón, Ana

Dillón	¡Santo Dios! ¿Qué tumulto es ese?
Ana	(Corriendo hacia Isabel.)

¡Hija mía!

Eduardo (Precipitándose hacia Dillón, que al parecer quiere salir.)
Deteneos; que no os vean.

Dillón y su mujer ¡Eduardo!

Eduardo e Isabel ¡Silencio!

Jorge ¡Querido amo! Somos perdidos.

Ana (A su esposo.) Roberto, no entregues a nuestro hijo.

Dillón Entregar a mi hijo, ¡nunca!

(Se oyen golpes fuertes afuera.)

María (Entrando.) Señor, señor, quieren echar las puertas abajo, quieren romper las ventanas.

(Se oyen gritos del populacho. El espanto de la familia de Dillón llega a su colmo; cada cual parece buscar un medio de salvarse. De repente suena un estrépito espantoso de ventanas forzadas y vidrieras hechas pedazos. Todos dan un grito de horror. Ana se arroja en los brazos de su esposo; Isabel se ampara de Eduardo; María cae sobre una silla; Jorge permanece en el fondo. Momentos de silencio. Todos escuchan con la mayor zozobra: el ruido va disminuyendo.)

Jorge Parece que se alejan.

(Se oye el ruido de las armas de los soldados, que se suponen llegar hasta la puerta y dispersar la multitud. María se levanta y se acerca a su padre.)

María (Escuchando.) Sí, sí; tranquilizaos, señor: oigo pisadas que parecen de soldados.

Todos ¡Soldados!

María Sí... Y una voz ha gritado, «retiraos...»
(Escucha.) Sí... «retiraos» dicen.

Dillón Ya no hay remedio; es pública nuestra desgracia. Eduardo, ¿habéis visto a aquel sujeto? ¿Nos puede quedar alguna esperanza?

Eduardo No, amigo mío; ninguna: vuestra desgracia ha llegado al colmo, y sobrepuja todo lo que la imaginación más exaltada puede llegar a temer. No sé qué voz, qué espiritu infernal empeñado en vuestra perdición ha revelado la muerte de vuestro hijo. El odio, la ignorancia, el fanatismo, el furor la han pintado al momento con el más negro colorido; se han supuesto las circunstancias más atroces. Los magistrados están instruidos, y reunidos ya en las casas consistoriales se disponen a daros el golpe más terrible.

Dillón ¿Los magistrados lo saben? Basta, Eduardo, basta; cierta es nuestra perdición. Sí, todo el oprobio que puede humillar a los hombres va a recaer sobre un anciano, sobre una madre, sobre una hija inocente. ¡Crueles! ¡Pondrán en un cadalso el cuerpo de mi hijo, y harán apurar las heces de la ignominia a una familia expirante! Será preciso abandonarlo todo, ¡amigos, parientes, patria!... Será forzoso huir, e ir a esconder a un desierto nuestra vergüenza, nuestra miseria y nuestro dolor.

Eduardo	¡Ah! Ni aun podéis sospechar...
Isabel	¡Eduardo!
Eduardo	Sí, amigos míos, es preciso huir; no os queda otro recurso. Huid; mi familia os ofrece un asilo en Edimburgo; yo mismo os conduciré a sus brazos, y nunca os abandonaré. Soy vuestro hijo, soy el esposo de Isabel, nuestra suerte será una misma. Venid, amigo, venid... Padre mío, favorecido por las tinieblas, aun podréis escaparos por entre la muchedumbre, o bien por la muralla. Sí; hasta ahora no se puede haber dado ninguna orden. Venid, probaremos este último arbitrio.
Isabel	Sí, querido padre, venid.
Dillón	¿Qué hacéis, hijos míos? ¿Y mi esposa?
Eduardo	No os abandonará.
Ana	¿Y por qué hemos de salir de esta casa? ¿Quién cuidará del cuerpo de mi hijo? ¿Quién implorará la piedad de los magistrados?
Jorge y Mauricio	Nosotros, señora, nosotros.
Eduardo	Acordaos de que pueden privaros de la libertad, y separaros piara siempre de vuestro esposo.
Ana	¡De mi esposo!
Dillón	Pero, Eduardo...

Eduardo	En nombre de lo que más améis, ceded a mis ruegos.
Isabel	Padre mío, si me amáis, si tenéis compasión de mi suerte, dejaos llevar por Eduardo.
Dillón	Queréis...
Isabel, Eduardo, Jorge y María	(Con el mayor fervor.) Os lo suplicamos.
Ana (Sorprendida.)	¿Cómo? Todos...
Dillón	¡Qué misterio!
Eduardo	Un solo instante puede completar vuestra ruina.
Ana (A Isabel.)	¡Su ruina! Pero qué, ¿corre tu padre algún otro riesgo?
Isabel	Sí, madre mía, sí... Va en ello su vida.
Ana	¡Su vida! Marchemos, marchemos.

(Se oyen pasos precipitados.)

Eduardo	¡Silencio!...
Mauricio (Dentro.)	¡Señor Dillón! ¡Señor Dillón!
María	Este es Mauricio.

Escena IX
Dichos, Mauricio

Mauricio — ¡Señor Dillón! ¡Ah! Estáis aquí... ¡Gracias a Dios! No puedo más... he...

Eduardo — Y bien, ¿qué?

Mauricio — Señor Dillón, vienen a prenderos.

Todos — ¡A prenderle!

Dillón — ¿A mí?

Mauricio — Toda la justicia viene detrás de mí. ¡Oh! y hay justicia en Dublín, hay justicia... Eso estremece.

(Consternación general.)

Eduardo — ¡Tan pronto!

Mauricio — Y el mismo señor diputado de la corona en persona: estaba en el consejo deliberando asunto de la mayor importancia, y el ruido del motín le hace tomar cartas en el juego.

Isabel — ¡Dios mío!

Mauricio — Conque así, ya podéis cerrar y atrancar bien las puertas.

Eduardo — Querido amigo, es preciso tratar de salir de aquí a toda costa.

Isabel — ¡Sí!

Mauricio — ¿Salir? ¡Qué! ¿Por dónde? Toda la casa está rodeada de soldados... Ahora mismo acaban de dar orden de no dejar salir a nadie.

Eduardo — ¡Ya es tarde!

Isabel — ¡Qué va a ser de él!

Jorge — ¡Pobre señor!

Ana — ¿Qué hacemos?

Dillón — (Con serenidad.) Resignémonos a la voluntad del Señor, y roguémosle que se digne ablandar en favor de mi hijo el corazón de los magistrados.

(Se oyen varios golpes.)

Una voz (Dentro.) — En nombre del diputado de la corona, abrid.

(Movimiento general de espanto.)

Dillón — Jorge, ve a abrir la verja del jardín.

(Jorge vacila y mira a Eduardo, que le dice que no con la cabeza; Isabel está sumergida en la mayor desesperación. Ana parece tratar de adivinar por quién debe temblar.)

Dillón — (Después de un momento de silencio.) Andad, Jorge, andad; es forzoso obedecer.

Jorge (Mirando a Eduardo.)
Es forzoso... Querido amo... voy.

(Sale consternado.)

Escena X
Dichos, menos Jorge

Isabel (A Eduardo en voz baja.)
Eduardo, ¿será preciso instruir a mi padre?

Eduardo (A Isabel en voz baja.)
¡Ah! Tal vez no se atreverán a acusarle... Esperemos.

Isabel Esperemos.

Dillón ¡Ana, valor! Nuestro hijo fue culpable al disponer de una vida que el cielo le había dado; pero nosotros somos inocentes. Por grande que sea la prevención que puede existir contra nosotros, no hay corazón tan empedernido que pueda resistir al espectáculo que va a presentarse a los ojos de los jueces.
(Abre el gabinete.) Allí, el cuerpo frío de un joven, la esperanza y el objeto del amor de su familia... ¡A sus pies, una madre, una hermana suplicándoles que respeten estos restos preciosos, y que no marquen con el oprobio los últimos años de un anciano! Si permaneciesen insensibles, el mismo Dios se ofendería de su dureza.

Isabel (Horrorizada.)
¡Ya están aquí! ¡Madre mía!

(Se acerca a ella.)

Ana Mis fuerzas y mi valor me van a abandonar.

Escena XI

Dillón, Ana, Eduardo, Dermod, Isabel, Lord Diputado, Jorge, María, alguaciles, Mauricio, dos cirujanos, escribanos, etc., y guardias.

(Jorge entra el primero, enseñándoles el camino. Síguenle dos hombres con hachones encendidos y los soldados, que se colocan en el fondo. Enseguida los alguaciles, el escribano, dos jueces y dos cirujanos. Dermod se ha entrado confundido entre todos, y está en observación entre algunos grupos. El lord diputado aparece el último, entra con viveza y se detiene en medio del vestíbulo. Ana y su hija se arrojan a sus pies; Jorge, Mauricio y María se inclinan respetuosamente. Dillón, inmediato al gabinete, señala la puerta abierta. Dermod, en el fondo, imitando el ademán de Dillón, señala también el gabinete a los jueces. El lord diputado dirige a todo el mundo una mirada severa. Eduardo se mantiene al lado de Ana y su hija, dispuesto a levantarlas.)

Dillón Señor, no tratamos de disfrazar la verdad: mi hijo no existe; bien hubiera querido ocultar su crimen; la naturaleza, mi ternura paternal lo exigían así de mí. No creo que haya en el mundo un solo padre que me condene... Mirad a vuestras plantas a una familia sumida en la desesperación, cuyo honor, cuya suerte futura va a depender de vuestra humanidad.

Lord (A las señoras.)
Alzad, señoras. (Eduardo las ayuda a levantarse.)
(A Dillón.) De un magistrado no debéis esperar sino justicia, ni otra cosa de las leyes que el castigo del crimen.

Dillón ¡Del crimen! ¡Ah, señor! ¿no está bastante expiado?

Lord — Es preciso que a la sociedad se la dé una satisfacción.

(A los cirujanos.) Señores, entrad en esa habitación... (Señala el gabinete.) Registrad el cuerpo del desgraciado que ha dejado de existir, y dad vuestro informe arreglado a la verdad.
(Ana hace un movimiento como para dirigirse al gabinete.) Señora, quedaos aquí.

(Los cirujanos, precedidos de algunos soldados, entran en el gabinete: Enseguida un juez se adelanta como para recibir instrucciones del lord diputado; éste le hace señal de que aguarde y se vuelve hacia Dillón.)

Entregad al señor todas las llaves de vuestra casa, y las de los muebles donde tengáis vuestros papeles.

Dillón — ¿A qué fin, señor? Ninguna relación tiene esa orden con el suceso que os trae a mi casa.

Lord — Obedeced.

Dillón — Jorge, mi antiguo criado, os entregará las llaves; hace veinte años que es el único depositario de ellas.

Lord (Al juez.) — Ya tenéis mis instrucciones; acompañad a ese hombre.

(A Jorge.) Vos guiad al señor, y ejecutad sin réplica cuanto os prescriba.

Jorge — Perdón, señor diputado; pero en casa de mi amo no puedo recibir órdenes sino de mi amo; si el señor me lo manda, entonces...

Dillón — Sí, amigo mío; obedeced a los magistrados.

Jorge	Basta...
(Al juez.)	Espero vuestras órdenes.

(En consecuencia de la orden del lord diputado, el juez, dos soldados y Jorge delante, salen por la puerta que da a las habitaciones. Durante esta salida, que ha causado un movimiento general, se coloca una mesa, a que se sienta un escribano, y un juez se queda a su lado en pie, como para dictarle. Eduardo hace sentar a Ana en un sillón. Isabel, María Mauricio y él se quedan a su alrededor: Dillón está al otro lado. Los dos criados que traían hachones los han apagado; dos soldados quedan a la puerta del gabinete. Dermod se va aproximando poco a poco al lord diputado.)

Escena XII

Dichos, menos Jorge, los cirujanos, el juez y los soldados.
(Otro juez o asesor entrega al diputado un papel desdoblado; éste le recorre, dando algunos pasos hacia adelante.)

Dillón	¿Cuáles son, señor, vuestras intenciones acerca de mí y de mi familia? No parece sino que hemos cometido alguna acción culpable.
Lord	Eso, vos lo sabréis. (Eduardo e Isabel le arrojan una mirada llena de horror.) Tened la bondad (después de registrar el papel que tiene en la mano) de responder a las preguntas que voy a haceros. ¿No es cierto que solía vuestro hijo pasar fuera de casa la mayor parte del día?
Dillón	Sí, señor.
Lord	¿Y salió ayer?

Dillón — No, señor; no se separó de nosotros en todo el día.

(El lord hace seña al juez que está cerca de la mesa, y éste al escribano para que escriba: a cada respuesta de importancia se repite el mismo juego escénico.)

Lord — ¿Recibisteis gentes por la noche? ¿A qué hora se retiró la concurrencia?

Dillón — A las nueve.

Lord — ¿Y a qué hora murió vuestro hijo?

Dillón — ¡Mi hijo! ¡Ah! Creo que fue hacia la misma hora.

Lord — ¿Estabais entonces con vuestra sociedad?

Dillón — Sí, señor; toda la familia se levantó para despedir a las gentes.

Ana — Querido, te equivocas... Nuestro hijo no estaba entonces con nosotros.

Dillón — Cierto, perdonad... ¡Estoy tan turbado!...

Lord (Al juez.) — Notad que se contradicen.

Eduardo — ¿Cómo? Milord... ¿un padre abrumado por el dolor puede tener presentes hasta las más mínimas circunstancias del horroroso acontecimiento que le ha privado de su hijo? ¿Habéis notado acaso que trate de engañaros? ¿Qué consecuencia podéis deducir de tan ligera equivocación?

Lord — ¿Olvidáis, caballero, que yo soy aquí el único que tengo derecho para hacer preguntas?

(A Dillón.) — ¿En dónde decís que ha perecido vuestro hijo?

Dillón (Señalando.) — Allí, en aquel pabellón.

Lord — ¿Y dónde dabais vuestra función?

Dillón — En el jardín.

Lord — (Devolviendo al juez el papel.)
¿Cómo? En el sitio mismo de vuestra reunión, en el mismo instante en que vuestra tertulia se recoge, y al mismo tiempo que vos estabáis delante de ese pabellón... en fin, ¿expira vuestro hijo casi a vuestra vista? ¿Y queréis suponer que lo ignorabais?

(Dermod se acerca y habla al oído al lord diputado.)

Dillón — Nada hay más cierto, señor.

Ana — Los gritos de nuestros criados fueron los que nos anunciaron tan horroroso acontecimiento.

María — (Acercándose un poco.)
Es la verdad, señor...
(Ve a Dermod que habla al lord.) ¡Ah!

(Anda como espantada.)

Eduardo (A María.) — ¿Qué tienes?

(Ana, Isabel y Eduardo miran a María con asombro. El diputado no ha reparado en ella, ocupado como está en escuchar a Dermod y ver el proceso verbal de las respuestas de Dillón, que le enseña el juez.)

María (A Ana.) Señora, ¡qué hombre he visto allí!

Ana e Isabel ¿A quién?

María ¡El señor Dermod! ¡Está hablando con el lord diputado!

Ana ¡Dermod! ¿Qué vendrá a hacer aquí?... María, ¡mira si puedes avisárselo a mi esposo!

María Dejadme a mí.

(Se hace un poco atrás, procurando no ser vista; pero Dermod la sorprende, y lo hace reparar al lord diputado.)

Lord (A María.) ¿Quién sois vos?

María (Temblando.) ¡Yo! Yo, señor... yo me llamo María; soy la hija de Jorge, y la novia de Mauricio... y... y la criada de la casa.

Lord ¿Y adónde ibais?

María Señor... iba...

(Ana, Isabel y Eduardo procuran hacerla señas para que calle.)

Lord (Reparándolo.) Dejadla hablar, señora: María, respondedme, y decidme la verdad.

María ¡Pardiez! Iba a decir a mi amo que se anduviese con cuidado.

Lord ¡Con cuidado! ¿Por qué?

María Porque... está ahí el señor Dermod.

Lord ¡Está bien!

(María vuelve atrás.)

Dermod Ya lo oís, milord.

(Todos están asombrados, excepto Isabel y Eduardo cuyo horror se aumenta. Los cirujanos salen del gabinete, y se fija sobre ellos la atención general.)

Escena XIII

Dichos, los cirujanos, y poco después Jorge, el juez y los soldados que salieron anteriormente.

(El juez entrega el reconocimiento firmado por los cirujanos al lord diputado, quien lo lee por lo bajo. Suspensión general.

Lord (A los cirujanos.)
Señores, somos de un mismo parecer: ¿habéis verificado exactamente las circunstancias notadas en la muerte violenta de ese joven?
(Responden con la cabeza afirmativamente.) ¡No queda la menor duda! (Echando a Dillón una mirada severa.) ¡Qué horror!

(Movimiento general de sorpresa. Jorge, el juez y los soldados entran al mismo tiempo. El juez entrega varios papeles al lord. Jorge se acerca a su amo.)

Jorge (A Dillón.) Señor, todo lo han registrado, pero en particular el cuarto de vuestro hijo, de cuyos papeles se han apoderado.

Dillón ¡Ah, Jorge, mi sorpresa iguala ya a mi dolor!

Lord (Dando a un juez un fragmento de una carta, que este último enseña a Dillón.)
¿Reconocéis en ese fragmento de una carta la letra de vuestro hijo?

Dillón Sí, señor; sí... esta es su letra.

Lord (A quien el juez ha devuelto el papel.)
Oid... ¡Esta prueba es terminante!
(Lee.) «Exigís de mí que renuncie a la religión de mis abuelos... ¡Ah! Si me dejase llevar de mi inclinación...» (La sorpresa y el asombro de la familia de Dillón llegan al extremo.) «¡Cuán dulce me sería volar a vuestros brazos! Pero, ¡ay, qué vínculos es preciso romper para formar esos tan deseados! ¿Y tendré valor para romperlos?... No: provocaría la ira de mi padre, y esta ira sería el decreto de mi muerte.»

(Devuelve la carta al juez.)

Ana ¡De su muerte!

Eduardo ¡Infeliz!

Isabel ¿Qué has hecho, hermano mío?

(El lord los observa a todos.)

Ana	(A su esposo.) Roberto, ¿comprendes tú?
Dillón (Al lord.)	¡Cómo, señor, mi hijo ha escrito esas palabras! ¿A quién?
Lord	Puesto que insistís en vuestra supuesta ignorancia, voy a cerraros todas las salidas. La profunda tristeza que todo el mundo ha reparado en vuestro hijo, era efecto de su deseo de abjurar...
Dillón y su mujer	¡De abjurar!...
Lord	Y del miedo, del temor que le inspirabais.
Dillón y su mujer	¡Nosotros!
Lord	Esta noche misma debía abjurar. ¡El templo estaba ya abierto, los ministros avisados; todavía arden los candelabros que debían alumbrar esta augusta ceremonia! Ahora bien, según resulta de vuestra propia confesión no le habéis dejado salir; a las nueve os quedasteis solo con vuestra familia... ¡y entonces pereció vuestro hijo precisamente cuando se le estaba esperando ya al pie de los altares! Ese fragmento nos revela el resto del misterio; y esta declaración, resultado del reconocimiento de las heridas, confirma la idea de que no se ha suicidado. ¿Quién, pues, le ha muerto?
Ana	¡Santo Dios!
Dillón	¡Quién le ha muerto!

Lord ¡Vos!

Todos (Horrorizados.)
¡Ah!

(Ana se deja caer sobre su asiento; su hija se cubre la cara; no pueden ser mayores el horror y la consternación.)

Dillón ¡Santo cielo! ¿Qué he escuchado? ¡Yo degollar a mi hijo!
(Volviéndose hacia el gabinete.) ¡Oh, hijo mío, levántate, ven, ven a responder a los acusadores de tu padre!

Eduardo ¿Es posible? ¿Y esa odiosa mentira se ve repetida en la boca de un magistrado?

Dillón ¡Bárbaro! ¿Sois padre, y os atrevéis a suponer ese delito?

Lord ¡Suponerle! Miserable... ¡Tuvisteis un testigo!

Todos ¡Un testigo!

Lord (Señalando a Dermod.)
¡Hele aquí!

Todos ¡Dermod!

Dillón y Eduardo ¡Impostor!

Mauricio (Apartando a todo el mundo.)
Esperad... Sí, sí... Toma, cierto, el señor estaba... Me acuerdo de su vestido... le conozco... Ayer noche le

vi detrás de la verja... Todavía estaba allí cuando el señor Dillón salió del pabellón.

Eduardo ¿Qué dices?

Lord Da testimonio.

Mauricio Sí, señor; y el señor, que lo ha visto todo, puede decir lo mismo que yo cómo ha pasado.

Dillón (A Dermod.) ¡Ah! ¡Si eso es cierto, caballero... Si fuisteis el amigo de mi desdichado hijo, debéis tener compasión de su padre! ¡En nombre del cielo decid la verdad!

Dermod Oídla, pues. A las nueve salí del templo, donde se esperaba ya a vuestro hijo, y me dirigí a esta casa para llevarle conmigo y conducirle al altar. Llego y oigo a lo lejos gritos y gemidos. Empiezan a agitarme horrorosos presentimientos... Acudo temblando, y apenas llego a la verja, cuando oigo resonar las voces de muerte y asesinato. Entro. La señora y su hija aparecen y se precipitan hacia ese pabellón; dirijo yo también mis miradas hacia él, y veo salir a Dillón trémulo, pálido, desfigurado: a su aspecto todo el mundo se detiene; y la señora, adivinando en sus facciones el crimen que acaba de cometer, exclama: «¡Mi hijo ya no existe!» Asombrado entonces de tantos horrores, me apresuré a alejarme de esta guarida del crimen, creyendo que el cielo y que los hombres me mandaban reclamar la venganza: juro no haber dicho una sola palabra que no sea verdad.

Eduardo ¡Miserable! La calumnia más atroz no sería tan funesta como tu pérfida verdad.

(Dillón y su mujer se quedan anonadados.)

Lord — ¿Qué podéis responder a eso?

Dillón — Nada, señor.

Isabel — (Precipitándose en los brazos de su padre.) ¡Padre mío! ¿Os dejáis acusar por ese monstruo? ¡Ah! Todos somos testigos de que adorabais en mi hermano.

Jorge, María, y Mauricio — Sí, sí, señor, todos.

Eduardo — Milord, no podéis insistir en tan espantosa acusación; la naturaleza os lo prohíbe, y ultrajáis al cielo si no la desecháis. ¡Hacéis a los hombres más feroces que los mismos monstruos de las selvas! ¡Ama el tigre los frutos de su amor, y un padre los degollaría! ¡Una madre dejaría destrozar el hijo que ha criado en su seno! ¡Una madre, y la más cariñosa, la más respetable! ¿Será posible? Sesenta años de virtudes nunca desmentidas, la más inalterable dulzura, el amor de padre más puro, el más ardiente, ¿no serán bastantes a librar a un hombre de una sospecha que ultraja a la humanidad, y cuya verdad, si fuese posible, trastornaría el orden de la naturaleza? No, no es posible... Vos mismo no lo creéis. No podéis creerlo... Ningún magistrado admite semejante delito.

Ana — ¡Ah, señor, desechad tan horrible calumnia!

(Toda la familia y los criados tienden sus manos hacia el lord diputado.)

Lord | Nada puedo escuchar, ni menos separarme de mi deber. Sois acusado, los hechos hablan; podéis defenderos en los tribunales. (A su séquito.) Asegúrese al señor y a su familia, y que se traslade el cuerpo de la víctima a las casas consistoriales.

Ana | ¡Santo Dios!

Isabel | ¡Padre mío!

Jorge, María y Mauricio | (Echándose a los pies del magistrado.) Señor, ¡piedad!

Lord | (A los suyos.) Obedeced.

(Los tres criados se levantan sumidos en la más profunda aflicción. Un juez, varios soldados y otras personas entran en el gabinete. Dillón se ve al mismo tiempo rodeado de soldados que deben conducirle.)

Dillón | Querida esposa, hija mía, soy inocente. Tranquilizaos sobre mi suerte. Dios no permitirá que el justo sucumba: empero si tal fuese su voluntad... ¡ah! solo le pido que aparte de vosotras esta prueba cruel. (Las dos se deshacen en lágrimas.) Amado Eduardo, ¿vendréis a defenderme?

Eduardo | Yo juro perecer con vos, o justificaros.

(El lord diputado y cuantos le acompañan salen. Dillón se coloca él mismo entre sus guardias, y sale echando sobre su familia miradas llenas de amargura y de dolor. Su mujer quiere dar algunos pasos para seguir a su esposo, pero al mismo tiempo el juez y los soldados que entraron en el gabinete salen de él: síguenlos dos hombres que llevan el cadáver. A semejante vista Ana exhala un grito de dolor apartando la vista, y el telón cae en el momento en que los mozos salen del gabinete, y antes que el cuerpo del joven Dillón ofenda la vista de los espectadores.)

Acto III

El teatro representa una gran sala de la casa municipal de Dublín: tres grandes puertas vidrieras de arriba abajo, y de vidrios de colores, cierran el fondo de la sala. Al fin del acto, y en el instante en que Dillón es conducido al suplicio, se abren estas tres puertas, dejando ver una plaza pública, y enfrente la torre de una iglesia. A derecha e izquierda de los segundos a los terceros bastidores dos grandes puertas de dos hojas, una enfrente de otra, adornadas según el gusto del tiempo, y hasta las cuales se sube por dos o tres escalones. En la de la izquierda del actor dirá una inscripción: Sala del crimen; en la otra: sala del consejo. Algunos sillones antiguos.

Escena I

Eduardo, Dermod.

(Dermod sale precipitadamente de la sala del crimen, y al parecer trata de huir. Eduardo sale detrás de él.)

Eduardo — Deteneos, caballero; deteneos, os digo.

Dermod — ¿Con qué derecho me seguís?

Eduardo — Habéis de oírme a vuestro pesar. Aquí, y en todas partes, solo, y en presencia de mil testigos, no podréis libertaros de la verdad. ¡En ninguna parte podréis evitar la maldición de una familia inocente que vais a llevar al cadalso!

Dermod — Caballero, ¿esa es una acusación que intentáis contra mí? ¿Ignoráis que al dirigirme esos insultos ultrajáis también la majestad del tribunal cuya sentencia no tardará en justificar mi conducta, condenando vuestros arrebatos?

Eduardo ¿Y sobre qué pruebas pudiera nunca ese tribunal emitir tan horrible sentencia, si vos con la más horrenda y execrable acusación... si vos con vuestro sacrílego juramento no hubieseis obligado a los jueces a condenar sin poder, sin osar siquiera consultar su propia conciencia? ¿Podrían nunca las leyes más sabias llegar a ser armas homicidas, si no hubiese monstruos, como vos, que se atreviesen a extraviar, a engañar, a sorprender a la misma justicia? Habéis jurado descaradamente a la faz de Dios decir la verdad; he visto empalidecer a los mismos magistrados; y vos, desdichado, ¡habéis podido atestiguar entre tanto sin horrorizaros que un padre había degollado en vuestra misma presencia a un hijo que adoraba! ¡Ah! Si vuestro perjurio no ha provocado contra vuestra cabeza mil rayos vengadores, si la tierra asombrada de soportar vuestro infando peso no ha temblado ni ha entreabierto sus profundos abismos debajo de vuestros pies, reconoced en eso mismo la infinita clemencia del Todopoderoso, que le deja a vuestro arrepentimiento tiempo para enmendar el más horrendo delito.

Dermod ¡Esto ya es demasiado!

Eduardo Yo no soy dueño ya de mi desesperación.
(Tomando un tono de súplica.) Escuchadme, estamos solos: bien podéis entenderme sin ruborizaros. Dillón es inocente, y vos lo sabéis... Yo leo en vuestra frente que no lo dudáis. ¡Pues bien! Confiadme la causa de vuestro odio: ¿qué injurias habéis recibido de esos desgraciados? Yo os indemnizaré. ¡Os han perjudicado en vuestro honor, en vuestros intereses! Yo comprometo todos mis bienes, os entrego cuanto

poseo, y os juro además guardaros eternamente el secreto. ¿Os turbáis? ¡Ah! seguid, seguid sin vacilar la voz de vuestra conciencia. Venid a retractaros de vuestra culpable declaración: detened a la muerte que va a segar ya a un anciano, y la sangre del inocente no recaerá sobre vuestra cabeza, ni pedirá la vuestra en el día del juicio terrible... Y yo os colmaré de riquezas, yo os ahorraré los horrores de un crimen, sus crueles remordimientos, y ¿quién sabe si la próxima venganza de los hombres?... Venid, venid... Triunfen por fin la justicia y la humanidad.

(Trata de arrastrarle.)

Dermod (Desasiéndose de sus manos.)
¿Qué osáis proponerme? ¡Yo comparecer ante el tribunal para justificar a Dillón! Si vuelvo a su presencia, temblad vos mismo, será para añadir a las demás pruebas la que me presentan las ofertas criminales que os atrevéis a hacerme.

Eduardo ¿Es decir, que en tu alma no hallan cabida los remordimientos, es inaccesible al terror que experimentan los más empedernidos delincuentes?

Dermod Nada tengo que temer; el lord diputado está convencido.

Eduardo ¡Ah! monstruo... Bien sabías que no podía dejar de estarlo.

Dermod ¿Acusáis al primer magistrado?

Eduardo — No acuso más que a ti; ¡y te acuso delante de Dios! Puesto que nada puede contenerte en la senda del crimen, puesto que, obcecado por tu infernal rencor, no conoces que el abismo donde vas a sepultar a Dillón no volverá a cerrarse sino después de haberte tragado a ti también, anda, desdichado, corre a precipitarte en él. Pero oye el juramento que hago. Si el padre de mi esposa llega a subir al cadalso, ni las entrañas de la tierra te podrán esconder de mi venganza, y tu sangre, toda tu sangre, sí, me responderá de la sangre inocente derramada.

Dermod — Corro a denunciaros.

Eduardo — (Arrastrándole hacia la sala del crimen.) Ve en buen hora, miserable; llega... (Las puertas se abren estrepitosamente: aparecen dos ministros.) ¡Dios mío!

(Eduardo y Dermod se detienen; sale un juez del tribunal.)

Escena II

Dichos, el Asesor, poco después Jorge, María y soldados.

Asesor — La causa se ha terminado, y los jueces van a pasar al consejo: mandad que se abran las galerías.

(Cruza la escena, y entra en la sala del consejo. Los dos ministros salen, cada uno por una de las galerías. Óyese al punto un ruido confuso de pasos y de voces en las dos, y varios pelotones de soldados atraviesan de la una a la otra.)

Eduardo — Se acabó: ¡van a pronunciar la sentencia! ¿no os estremecéis?

(Jorge y María acuden por una de las galerías.)

María ¡Ah! Padre mío, aquí está el señor Eduardo.

Jorge ¡Él es! Señor Eduardo, decidnos por Dios, decidnos...

Eduardo (Conmovido.)
Amigos míos, se va a pronunciar la sentencia.

Jorge y María ¡La sentencia!

(Una fila de soldados se coloca en toda la latitud del teatro. Dos grupos de pueblo se agolpan a la entrada de las dos galerías, pero sin entrar, por contenerlos los centinelas.)

Dermod (Viendo abrirse las puertas de las dos salas.)
Alejémonos.

(Se dirige hacia el fondo.)

El oficial que manda la tropa Ya no se puede pasar.

(Dermod se ve precisado a quedarse; y viendo llegar de repente a Ana e Isabel, se queda en el fondo junto a los soldados, procurando ocultarse.)

Dermod ¡Procuremos evitar las miradas!

María Mi ama...

Eduardo ¡Ah!

(Ana e Isabel aparecen en la mayor turbación.)

Escena III
Dichos, Ana, Isabel

Ana — (Arrastrando consigo a Isabel.)
Ven, hija mía, ven; que nos encuentre también al paso.

Eduardo — ¡Señora!

Jorge y María — (Besándola las manos.)
¡Señora, querida señora!...

Eduardo — ¿Dónde vais? ¿Cuál es vuestro designio?

Ana — ¿Sois vos, Eduardo? amigos míos, ¡mi esposo es perdido! Van a condenarle... ¡a condenarle!... No, ¡es imposible!... ¡He aquí sus jueces!... miradlos... ¡Quedaos, quedaos aquí conmigo! Arrojémonos de nuevo a sus plantas... imploremos su justicia.

(Eduardo, Isabel, Jorge y María la arrastran hacia uno de los extremos de la sala. Dermod permanece en el fondo. Los ministros, los jueces salen de la sala del crimen, y se dirigen hacia la puerta de enfrente de la sala del consejo; se detienen en medio de la Escena para dejar pasar al lord diputado; los soldados están sobre las armas; el pueblo permanece en el fondo.)

Escena IV
Dichos, el Lord Diputado, jueces, asesores, ministros, etc.
(En el momento en que el lord diputado atraviesa el teatro, Ana e Isabel se precipitan hacia él.)

Ana e Isabel — ¡Deteneos, deteneos!

(Caen a sus pies.)

Jorge y María — (Prosternándose también.)
¡Perdón, piedad para nuestro amo!

Lord — ¿Qué hacéis, señora?

Ana — Mi esposo es inocente: ¡lo juramos todos por lo que hay más sagrado en el mundo! En nombre de ese Dios, que os ha de juzgar a vos mismo, ¡no consuméis la injusticia más horrible!... ¡No deis crédito a un impostor, a un monstruo abominable! ¡Ah! No condenéis al más virtuoso de todos los hombres... ¡mi esposo!

Isabel — ¡Mi padre!

Jorge y María — ¡Piedad!

Lord — Alzad, señora.
(A los jueces.) Señores, es la hora del consejo.

Eduardo — (Pudiendo apenas contenerse.)
¡Crueles!

(Ana, Isabel, Jorge y María se levantan consternados.)

Lord — Ni las lágrimas ni las amenazas tienen influencia sobre nuestros ánimos: hemos formado nuestra opinión; nada puede cambiarla. Salga absuelto o condenado, pronto sabréis la suerte de vuestro esposo.
(A uno de su séquito.) Permito al acusado que espere en esta sala que debe permanecer abierta para su familia.

(A los jueces.) Señores, vamos.

(Todo el séquito entra en la sala del consejo. Los soldados se forman en pelotones, y el pueblo se retira: el oficial, despachando a los soldados por una y otra galería, da órdenes que indican que se van a poner centinelas en las puertas exteriores. Dermod observa todos estos movimientos deseoso de salir, y mirando con cierto temor a la familia de Dillón. Esta está sumergida en el estupor.)

Escena V

Ana, Eduardo, Dermod, Isabel, Jorge, María

Isabel ¡Ah! madre mía, no perdamos aún del todo las esperanzas.

(Isabel y Eduardo tratan de llevársela.)

Dermod (Gracias a Dios, ya puedo salir... No puedo soportar su vista por más tiempo.)

(Trata de alejarse.)

Isabel Salgamos al encuentro a mi padre.

Todos (Con indignación, reparando en Dermod) ¡Dermod!

(Este se ve rodeado por todas partes, y su turbación misma le deja inmóvil.)

Ana ¡Cielos! Ya le tengo delante de mis ojos.

Eduardo ¿Cómo? ¿Te atreves a arrostrar las miradas de tus víctimas?

Ana ¡Maldito calumniador! ¿Vienes a cebarte en la sangre de mi esposo? ¿De qué procede este funesto aborrecimiento? ¿Qué te ha hecho Dillón, ni yo, ni esta hija desgraciada? ¿Te ha vomitado el infierno para exterminar toda mi familia?

Dermod (Con la mayor turbación.)
Señora...

Ana ¡Tú eres el único que has acusado al inocente! ¡Tú quien le llevas al suplicio! Sobre ti caerá su sangre; y nuestros gritos, nuestro dolor, nuestras eternas maldiciones te perseguirán hasta dentro del sepulcro.

Todos Sí, ¡hasta dentro del sepulcro!

Dermod (Asustado.)
Dejadme que me aleje.

Eduardo (Persiguiéndole.)
No, ¡tú debes esperarlos! Tu suplicio comienza con el de tu víctima; pero el suyo va a ser el triunfo del justo, al paso que el tuyo no conocerá término jamás. ¡Perseguirante sin cesar los remordimientos vengadores! ¡Llorarás noche y día lágrimas de sangre! Y cuando se cierren tus ojos a la luz, entonces la mano de Dios te entregará a tormentos sin fin, ¡y la maldición celeste resonará todavía en la eternidad!

Dermod (Huyendo.) Dejadme, dejadme...

(Dermod huye con el mayor espanto, Dillón, conducido por algunos soldados, aparece en le dintel de la sala del crimen).

Isabel	¡Ah! ¡He aquí a mi padre!
Jorge y María	¡Nuestro amo!

(Todos corren a él y le rodean con mil señales de respeto y de cariño. Los soldados se retiran.)

Escena VI
Dichos, Dillón

Dillón	¡Cuán dulce es para mí verme de nuevo en medio de mi familia, rodeado de mis hijos!... sí, de mis hijos, ¡porque un amigo como Eduardo, criados como vosotros, no pueden ser extraños para mí! ¡Y tú, querida esposa!...
(A Isabel.)	¡Tú, único objeto ya de nuestro amor! Llegad. Mientras más próximo considero el momento de nuestra separación, ¡más se acrecienta mi cariño, más placer experimento al estrecharos sobre mi corazón! ¡Lloráis! ¡Ah! Si es cruel, si es horroroso el dejaros, bien conozco que aun debe serlo más para ti...
(A su mujer e hija)	para vosotras, el sobrevivir a nuestra desgracia.
Ana	¡No, no creas que yo pueda sobrevivir a semejante golpe!
Dillón	¿Qué dices, Ana? ¡y nuestra hija! ¿No es bastante todavía para esa inocente criatura perder en solo un día honor, bienes, padre y esposo? ¡Quédele a lo menos una madre!

Jorge ¿Y nosotros, señor? Nosotros también la acompañaremos; mi hija y yo serviremos a la señorita hasta exhalar el último aliento.

Eduardo ¿Cómo, querido amigo, no conocéis ya mi corazón? Si algún día he querido a Isabel, ¡ha sido en este día de aflicción!

Dillón Os creo, querido Eduardo; pero si salgo condenado, la miseria... ¡la infamia!...

Eduardo ¡La infamia! ¡Nunca recae sino sobre el crimen, jamás sobre la inocencia! ¿Qué digo? ¡El nombre de Dillón quedará ennoblecido por la desgracia, y yo participaré con orgullo de su mala suerte! Os roban vuestros bienes; ¡enhorabuena! Los míos pertenecen a mi madre; vuestras virtudes serán el patrimonio de vuestra huérfana. En cuanto a mí, yo he protestado de vuestra inocencia, yo la proclamaré sin cesar, aun con riesgo de mi vida. ¡Oh Isabel! Y vos, su cariñosa madre y la mía también, cualquiera que sea el desenlace que se prepara, no recojáis el don que os habíais dignado hacerme! Venid, amiga mía, y mientras que los jurados pronuncian la suerte de nuestro padre, pidámosle que nos una, que confíe a nuestro amor a la más cariñosa de todas las madres, y de hacernos partícipes igualmente de su infortunio, de su ternura, de su bendición paternal.

(Se inclinan los dos a los pies de Dillón.)

Dillón ¡Oh, hijos míos! Quiera Dios atender a mis oraciones, y ¡ojalá que mis padecimientos, ofrecidos con resignación, logren para vosotros la felicidad que tenéis tan merecida!

(Óyense pasos acelerados; acude Mauricio.)

Escena VII

Dichos, Mauricio, el Oficial

Mauricio (Al oficial, que le impide el paso)
Dejadme entrar; repito que soy de la familia. Pardiez, es claro; me llamo Mauricio, y soy el jardinero del novio de la hija del señor reo.

María ¡Ah! Es el pobre Mauricio.

Mauricio Mirad, ahí están todos... preguntádselo si no... Pues está bueno, ¡eh!

Eduardo Sí, sí; ese muchacho es mi criado: os suplico que le dejéis pasar.

Mauricio ¡Hola!

(El oficial le deja pasar.)

Eduardo ¿Qué quieres? ¿Qué traes?

Mauricio ¡Chitón! Señor Dillón, ¡si supieseis lo que pasa en la ciudad!...

Todos (Con impaciencia.)
¿Qué?

Mauricio (A Dillón.) ¡Quieren libertaros!

Todos — ¡Libertarle!

Ana — Habla, prosigue.

Mauricio — La gente rica, comerciantes, y sobre todo los católicos... todos se reúnen... y hablan, hablan...

Eduardo — Sigue.

Mauricio (A Dillón.) — ¡Y hablan de vos!

Eduardo — ¿Qué dicen?

Mauricio — (Vacilando.)
Que... que os condenarán. (Movimiento de horror.) Pero ya hay más de mil reunidos allá bajo, en la plaza; todos los pobres lloran a su bienhechor; trabajadores y artesanos os llaman su padre, su protector... y en fin, están tan decididos a presentarse al lord diputado, y hacerle presente que no debe atropellar el negocio, sino aguardar a tener más pruebas, saliendo ellos garantes de vuestra inocencia con sus bienes, y hasta con sus vidas.

Eduardo — ¿De veras?

Ana — ¡Ah! ¡Querido amigo!...

Eduardo — ¿Dónde, cómo has reunido esas noticias?

Mauricio — Toma, en toda la ciudad no se esconden para decirlo; hablan y gritan... y se lo dicen a todo el que lo quiere oír.

Eduardo	¡Basta!
Dillón	¿Qué decís? ¿Qué vais a hacer?
Eduardo	Voy a unirme a ellos.
Dillón	(Deteniéndole.) ¡Deteneos! sea injusta, o sea merecida, ¡toda sentencia dimana de un principio sagrado!
Eduardo	Sois inocente, y sois el padre de mi esposa.
Dillón	Deteneos, os digo; yo os prohíbo...
Isabel	(Impeliéndole.) Eduardo, ¡salvad a mi padre!
Ana	Hijo mío, ¡salva a mi esposo!
Dillón	¡Deteneos!
Ana, Isabel y Jorge	Corred, volad...
Eduardo	Si el cielo no ha decretado la muerte del inocente, yo os restituiré el objeto de vuestro cariño.
Dillón	Deteneos, deteneos...
Ana	(Conteniéndole.) ¡Silencio, Roberto, silencio!
Isabel	¡Querido padre!

Jorge	¡Amo mío!

(Eduardo se precipita fuera de la sala. Dillón queda en medio de su familia, que le sujeta los brazos.)

Mauricio (Exaltado.)	Marchó... ¡Santo Dios!
Jorge	(Corriendo hacia él.) ¡Prudencia, Mauricio, prudencia!
María	No grites de ese modo; todo lo vas a descubrir.
Mauricio	¡No me importa; ya pierdo la paciencia: voy también...!
María	Mauricio, ¿dónde vas?
Mauricio	No te asustes, no es nada. Voy también a ofrecer mi persona y bienes.

(Se escapa corriendo.)

María	(Detrás de él.) ¡Mauricio, Mauricio!

(Jorge la detiene.)

Escena VIII
Dillón, Ana, Isabel, Jorge, María

Dillón	¿Qué habéis hecho?
Jorge	Mirad a los jurados; ya salen del consejo.

Ana ¡Santo Dios!

Isabel ¡Padre mío!

(Todos tiemblan.)

Dillón Enhorabuena, hija mía, querida Ana: ¿no esperábamos su regreso? Ya está mi sentencia pronunciada y mi suerte decidida, y debo resignarme a la voluntad del Señor.

Ana Mi sangre se hiela.

Jorge y María Aquí están.

(Ábrense las puertas de la sala del consejo, y se colocan varios alguaciles a los lados. Al mismo tiempo se abren las tres grandes vidrieras del fondo de par en par, y dejan ver la plaza llena de gente. Entran soldados por entrambas galerías, y se colocan en el fondo, impidiendo al pueblo la entrada por las vidrieras abiertas. Entonces todo el consejo, los jurados, asesores, etc., salen de la sala del crimen; el lord diputado aparece en medio de ellos, Todo el mundo se coloca con el mayor orden. La música toca en todo este intermedio. El lord diputado llama a su dependiente, y le entrega una orden por escrito, señalándole a Dillón, y encargándole al parecer la mayor actividad. El ministro, sorprendido, echa una mirada de compasión sobre la familia de Dillón, y sale como a pesar suyo. Un oficial se acerca, y recibe también del lord diputado una orden relativa a la tropa, se dirige en consecuencia al fondo de la sala y da varias órdenes; al punto entran por las galerías varios pelotones de soldados, que desfilan por la otra atravesando la plaza pública. Durante estos diversos movimientos crece por momentos la zozobra y el espanto de la familia de Dillón, que lo observa todo con la mayor turbación. Dillón solo aparece sereno.)

Lord	(Dirigiéndose aparte a los ministros de justicia.) ¡Y Dermod, el acusador! Buscadle, tengo que hablarle.

(Los ministros salen en busca de Dermod.)

Escena IX

Lord Diputado, Dillón, Ana, Isabel, Jorge, María, jurados, asesores, dependientes de justicia, soldados, pueblo, etc.

Ana	(¡Cielos! ¿Qué significan esas órdenes... esas disposiciones?)
Lord	Señora, en nombre de todo el consejo os suplico que os retiréis con vuestra hija. (Las dos se acercan a Dillón, le miran asustadas.) ¡Me habéis entendido! Alejaos.
Ana	No, señor, no; mi hija y yo nos quedaremos aquí. ¡Os declaro que no abandonaré, a mi esposo! Soy inocente lo mismo que él. ¡Nuestros sentimientos, nuestras acciones son las mismas! ¡Nuestra suerte debe ser común! Si le condenáis, ¡toda su familia le acompañará al suplicio! Ven, hija mía; ¡amparemos con nuestros brazos el cuerpo de tu padre!
(Le abrazan.)	Milord, ¡henos aquí! Pronunciad la sentencia; ¡un mismo golpe nos acabará a los tres!

(El lord diputado parece conmovido; todos los jurados hacen un gesto de compasión.)

Dillón (Con energía.)	¡Y bien, señor!
Lord	¿Os obstináis en negar el crimen de que sois reo?

Dillón — Ningún crimen he cometido; mis manos están tan puras como mi corazón: vos sois el que vais acaso a cometer uno, y muy grande.

Lord — ¿Os obstináis igualmente en callar vuestros cómplices?

Dillón — Mal pudiera haber cómplices sin existir delito.

Lord — ¡Es decir, que despreciáis por medio de ese culpable silencio la clemencia del cielo y la indulgencia de los hombres!

Dillón — Al contrario, las imploro; el hombre más justo las necesita. Pero, vos, señor, ¡acordaos también de que Dios os ve, y que va a oír vuestra sentencia!

Lord — Oídla.

(Un jurado se acerca y entrega la sentencia al lord diputado, quien la abre lentamente, y como con terror. Dillón espera, con los ojos clavados en el cielo; su mujer y su hija, a su lado, parecen implorar al cielo con fervor. Jorge y María las imitan al parecer en el otro extremo de la sala.)

Ana — (Con voz apagada.)
¡Dios mío! Tú sabes que es inocente; sálvale.

Lord — (Se adelanta algunos pasos, y después de un momento de indecisión lee.)
«El tribunal reunido, habiéndose asegurado de que se ha cometido un asesinato en la persona de Patricio Dillón, sabida la causa, y examinadas las circunstancias de este atentado, que le han sido descubiertas

por el testigo Dermod bajo la fe del juramento, y resultando de las otras tres declaraciones que nadie ha podido ejecutar este crimen sino Roberto Dillón; el tribunal, por la mayoría de siete votos contra cinco, condena a dicho Roberto Dillón a la pena capital.»

(Ana, Isabel, María y Jorge exhalan un grito de dolor; aquellas dos se prosternan a los pies de Dillón, besando sus manos, que tienen cogidas, ahogadas por sus sollozos.)

Ana e Isabel (Pudiendo apenas hablar.) ¡Esposo idolatrado! ¡Padre mío!

Lord (Más rápidamente.) «Y teniendo en consideración las amenazas sediciosas de algunos perturbadores, opuestos a la creencia dominante de la Gran Bretaña, el consejo determina, para dar un pronto escarmiento, y evitar cualquier consecuencia desagradable, que el sentenciado sea conducido inmediatamente al suplicio (Ana ¿Isabel se levantan, a medida que lee, en el más alto punto de desesperación y de espanto); y encarga a los magistrados que permanezcan reunidos hasta el momento en que la primera campanada de la torre anuncie la muerte del reo.»

(A dos oficiales.) Ejecutad las órdenes del tribunal.

(Movimiento general.)

Ana ¿Conque es cierto? ¡Ah! yo te sigo a la muerte... Nadie podrá arrancarte de mis brazos; el verdugo no se atreverá a herirte sobre mi pecho.

Dillón

¡Santo Dios! Cara esposa, ¿qué haces? ¿Qué es ya de tu valor y de tu resignación? Llegó el momento en que debemos cumplir con los deberes más grandes y más sublimes que ha impuesto a los hombres el Todopoderoso. Sí; ¡mi muerte y tu vida servirán algún día de ejemplo, y esta idea debe llenarnos de un valor sobrenatural! ¡Pensemos en la eternidad para poder soportar las últimas penas de este mundo! Yo te precedo con mi desgraciado hijo.

Lord

Basta de dilaciones: que le lleven al suplicio.

Dillón

¡Ah! Dejadme siquiera que las abrace por la última vez. (Jorge y María se precipitan hacia él y le besan las manos, que él les tiende afectuosamente.) Adiós... Adiós, amigos míos, hija mía, querida esposa... Dios mío, ampara a mi familia... Prohíbo a Eduardo que trate de vengar mi muerte. Perdono a mis enemigos, perdono también a mis jueces: ¡ojalá que los perdone el cielo!... Vamos... Isabel, sostén a tu madre: adiós, adiós.

(Quiere salir mientras que su mujer está casi desmayada en brazos de Isabel.)

Isabel

¡Madre mía! Ya le llevan... ¡Ah!

Ana

(Volviendo en sí, y corriendo hacia su esposo.) ¡Detente! ¡Detente!

Dillón

¡Santo cielo!

Isabel

¡Padre!

Dillón ¡En nombre del cielo, abreviad mi suplicio!

(Separan por fuerza a Dillón de su familia, y le llevan; se le ve pasar por la plaza por detrás de las ventanas de la sala. Entretanto el lord diputado vuelve a entrar en la sala del consejo, y los soldados se retiran. Jorge ha seguido a su amo. Isabel y María han colocado a Ana en un sillón, ya desmayada. Isabel está a sus pies, y la tiene apoyada en sus rodillas; María, detrás, tiene los ojos cubiertos con el pañuelo o el delantal. Entonces Dermod, agitado de un secreto terror, aparece en el fondo de la sala, entra y se acerca reparando en el grupo de las tres mujeres, que no le ven; al mismo tiempo un mozo con una carta en la mano se deja ver en la plaza mirando por una de las vidrieras de la sala.)

Escena X

Ana, Isabel y María agrupadas en un lado; Dermod por el opuesto, y poco después y a su lado el Ministro que salió antes a buscarle; después el Mozo que entra con aire tímido y como buscando a alguien, y luego Jorge.

Ministro (A Dermod.) Esperad.

(Pasa a la sala del consejo.)

Dermod ¿Qué me querrán? ¡Oh!

(Mirando al grupo.) ¡He aquí mi obra! Satisfice mi odio... ¡consumé mi venganza! Pero si llegase a saberse...

Mozo ¡Gracias a Dios que me han dejado entrar! Desde las siete de la mañana ando buscando ocasión de hablar al...

(Viendo a Ana.) ¡Ah! ¿Qué veo? ¿No es aquella la pobre señora de Dillón?

(Se enjuga los ojos.)

Dermod (Salgamos de aquí... ¡Sufro un tormento espantoso!...)

Mozo (Tropezando con él.)
¡Ah! Perdonad... Para serviros, caballero.

Dermod ¿Qué quieres?

Mozo Nada, señor. Es una carta que traigo para el lord diputado.

Dermod ¡Una carta!

(Lo aparta a un lado con bastante inquietud.)

Isabel (Que sigue ocupada con su madre.)
¡Ay de mí! ¡No vuelve!

María (Desconsolada.)
No hay nadie que nos socorra.

Dermod (Al mozo.) ¿Una carta para el lord diputado? ¿De quién es?

Mozo ¡Oh! No miento, no, señor; miradla, esta es. (Sacándola del bolsillo, y leyendo el sobre.) «Al señor Fitz Williams... lord diputado en Irlanda, por Su Majestad la Reina de Inglaterra...»

Dermod (Cogiéndola con desconfianza.)
Cierto. Al señor Fitz Williams...
(El mozo está distraído mirando a Ana.) (¿Qué es esto? Yo conozco esta letra... sí... es la suya...)

Mozo ¿Eh? Conocéis...

Dermod	¿A qué hora te han entregado esta carta?
Mozo	¡Pardiez! Ayer a las ocho, señor. Estaba anocheciendo.
Dermod	¿En qué punto de la ciudad?
Mozo	Señor, cerca de la casa del señor Dillón.
Dermod	Pues, amigo, ahora no puedes ver al lord diputado.
Mozo	Lo siento, porque ya me canso...
Dermod	No obstante, dentro de un rato debo verle yo mismo; yo me encargo de entregarle esta carta... Pierde cuidado.

(Ana empieza a volver.)

Mozo	¿De veras, señor? ¡Eh! Pues si tuvierais la bondad...
Dermod	Dentro de muy poco quedará en su poder. Anda con Dios, anda.
Mozo	Muchas gracias, señor. Os suplico que no la olvidéis...
(Mirando a Ana.)	¡Pobre señora!... ¡Qué lástima de familia! (A Dermod, que le hace una seña para que se vaya.) Ya me voy, señor, ya me voy, y tantas gracias.

(Vase.)

Isabel	¡Ya respira!... Ya abre los ojos.

María ¡Señora!

Isabel ¡Madre mía!

Dermod (Que ha abierto la carta.)
Veamos, veamos.

(Lee bajo.)

Ana ¿Dónde estoy?

Dermod (Después de haber leído.)
(¡Cielos! ¡Oh Providencia! ¡Si esta carta se entrega soy perdido!)
(Echa a su alrededor miradas de espanto, y empieza a rasgar la carta.) (¡Aniquilémosla!)

Un dependiente de justicia (Sale de la sala del consejo.)
Caballero, el lord diputado me manda que os lleve inmediatamente a su presencia.

Dermod Ya os sigo.
(Apañuscando la carta y ocultándola en el pecho.)
(¡Que no aparezca nunca!)

(Sigue al ministro a la sala del consejo.)

Escena XI
Ana, Isabel, María

Ana (Levantándose sostenida por su hija y María.)

¿Qué oscuridad me rodea? ¿Dónde está mi hijo? ¿Dónde está mi esposo? ¿Qué? ¡Ya me han dejado sola!

Isabel — No, madre mía. Aquí estamos contigo.

Ana (Mirándolas.) — Sí... ¡eres tú, hija mía! ¿Por qué lloráis?

(Las dos se vuelven para ocultar sus lágrimas; entonces Ana mira a su alrededor, procura coordinar sus ideas; recorre la sala, lee sucesivamente sobre las puertas laterales sus respectivas inscripciones, y reuniendo todas las fuerzas exhala un grito doloroso.)

¡Ah! Mi esposo va a morir.

(Quiere precipitarse fuera de la sala.)

Isabel y María — ¡Madre mía!... ¡Señora!

Ana — (Arrastrando consigo a su hija.)
Ven, hija mía, ven. Corramos a morir con él.

María — (Deteniéndola.)
¡Ah! No salgáis, señora, no salgáis.

(Se oyen pasos precipitados y gritos.)

Ana — ¡Cielos! ¡Qué rumor! ¡Qué tumulto!

Isabel y María — Es Eduardo.

(Este llega y trae consigo al mozo, seguido de una multitud de personas y de Jorge.)

Escena XII

Dichos, Eduardo, Jorge, el Mozo y gente que ocupa el fondo.

Todos (Saliendo al encuentro a Eduardo.)
¿Y mi esposo? ¿y mi padre? ¿y mi amo?

Eduardo ¡Ah! Señora, tal vez traigo su justificación; una carta de vuestro hijo.

Todos ¿Una carta?

Eduardo (Al mozo que tiembla.)
¿Dónde está ese hombre a quien se la has entregado? ¿Dónde está? ¡Vamos! ¿Dónde está?

Mozo Señor, ¡por Dios! Yo no sé. Aquí estaba... Aguardad, habrá ido a llevarla al lord diputado.

Eduardo ¡Ah! Corramos...

(Ábrense las puertas y el lord diputado aparece; al verle, todo el mundo da un grito y se detiene.)

Escena XIII

Dichos, Lord diputado, Dermod, todos los jurados, etc., y poco después el pueblo y los soldados.

Lord ¿De qué procede ese alboroto? ¿Qué reunión es esta?

(Todos los jurados salen de la sala del consejo y van llenando la escena.)

Eduardo (Al mozo, a medida que los jurados van saliendo.)

Míralos bien. ¿Es ese?

Mozo	No, señor.
Eduardo	¿Y ese?
Mozo	No, señor.
Ana	¡Yo tiemblo!
Eduardo	Ten cuidado.
Mozo	(Observándolos a todos.) Tampoco, no, señor, tampoco. ¡Ah!
(Sale Dermod.)	Ese es, señor, ese es; a ese fue a quien entregué la carta.
Toda la familia	¡Dermod!
Lord	¿Qué significa eso?
Eduardo	Ese traidor tiene en su poder una carta para vos: según todas las apariencias justifica a Dillón; es de su hijo.
Dermod	¡Yo!
Lord	¡Una carta!
Eduardo	Mandad que se la quiten, u os hago responsable de la muerte del inocente.
Dermod	Deteneos.

Todos — Mandadlo, mandadlo.

Lord — Sujetadle.

(Los soldados obedecen; se le registra.)

Ana — Daos prisa, daos prisa... Mi esposo va a morir.

(Eduardo levanta la carta en alto enseñándola a todo el mundo.)

Todos — ¡Ahí está!

Lord — Dádrnela. (La abre y lee precipitadamente. Movimiento general a su alrededor.) «No se culpe a nadie en mi muerte. Dermod me ha conducido al borde del abismo, y voy a quitarme la vida.» (Volviéndose hacia Dermod.) ¡Miserable! ¡Perjuro! (A los soldados.) Prendedle.

Ana — Salvad a mi esposo.

Lord — ¡Corred, volad!

Eduardo — (Apoderándose de la carta.) Dádmela, dádmela; yo seré el primero...

Dermod — (¡Soy perdido!)

(Eduardo corre agitando la carta en señal de triunfo: todo el mundo se precipita detrás de él. El fondo entero del teatro no presenta más que un grupo inmenso de personas. Al mismo tiempo que Eduardo va a arrojarse fuera de la sala se oye una campanada; todos se detienen. Un temblor general se apodera de todos, y la campana sigue sonando lentamente. A cada campanada todo el grupo retrocede, hasta llegar con la mayor consternación, siempre en la misma forma, al principio de la escena. Allí Ana e Isabel caen de rodillas; el lord diputado se arroja sobre un sillón tapándose la cara, y todos los jurados, agrupados a su alrededor, parecen temer que las paredes se vengan abajo sobre ellos. Dermod se ve rodeado de soldados que vuelven con ademán furioso y rostro indignado las puntas de sus espadas contra él. El pueblo acude y llena la plaza pública.)

Eduardo (Todavía con la carta en la mano.) ¡Ya no hay remedio! ¡El crimen está consumado! ¡El inocente expira! ¿Oís esos ecos lúgubres que resonarán eternamente en vuestras almas? ¡Los siglos venideros los oirán también, y el nombre de Dillón quedará grabado en la historia con caracteres de sangre! (Dermod derribado por los soldados, cae, una rodilla en tierra, y se ve rodeado de espadas que le amenazan.) ¡Madre mía! ¡Isabel! Roberto Dillón ha recibido ya la corona de los mártires.

Fin del melodrama

Libros a la carta

A la carta es un servicio especializado para
empresas,
librerías,
bibliotecas,
editoriales
y centros de enseñanza;
y permite confeccionar libros que, por su formato y concepción, sirven a los propósitos más específicos de estas instituciones.

Las empresas nos encargan ediciones personalizadas para marketing editorial o para regalos institucionales. Y los interesados solicitan, a título personal, ediciones antiguas, o no disponibles en el mercado; y las acompañan con notas y comentarios críticos.

Las ediciones tienen como apoyo un libro de estilo con todo tipo de referencias sobre los criterios de tratamiento tipográfico aplicados a nuestros libros que puede ser consultado en Linkgua-ediciones.com.

Linkgua edita por encargo diferentes versiones de una misma obra con distintos tratamientos ortotipográficos (actualizaciones de carácter divulgativo de un clásico, o versiones estrictamente fieles a la edición original de referencia).

Este servicio de ediciones a la carta le permitirá, si usted se dedica a la enseñanza, tener una forma de hacer pública su interpretación de un texto y, sobre una versión digitalizada «base», usted podrá introducir interpretaciones del texto fuente. Es un tópico que los profesores denuncien en clase los desmanes de una edición, o vayan comentando errores de interpretación de un texto y esta es una solución útil a esa necesidad del mundo académico.

Asimismo publicamos de manera sistemática, en un mismo catálogo, tesis doctorales y actas de congresos académicos, que son distribuidas a través de nuestra Web.

El servicio de «libros a la carta» funciona de dos formas.

1. Tenemos un fondo de libros digitalizados que usted puede personalizar en tiradas de al menos cinco ejemplares. Estas personalizaciones pueden ser de todo tipo: añadir notas de clase para uso de un grupo de estudiantes,

introducir logos corporativos para uso con fines de marketing empresarial, etc. etc.

2. Buscamos libros descatalogados de otras editoriales y los reeditamos en tiradas cortas a petición de un cliente.

www.ingramcontent.com/pod-product-compliance
Lightning Source LLC
LaVergne TN
LVHW091636100826
845152LV00002B/51

* 9 7 8 8 4 9 9 5 3 7 1 2 2 *